Leituras Críticas Importam
Alvaro de Azevedo Gonzaga (Coord.)

**JULIANA IZAR
SOARES DA FONSECA
SEGALLA**

Inclusão não é favor nem bondade

Leituras Críticas Importam
Alvaro de Azevedo Gonzaga (Coord.)

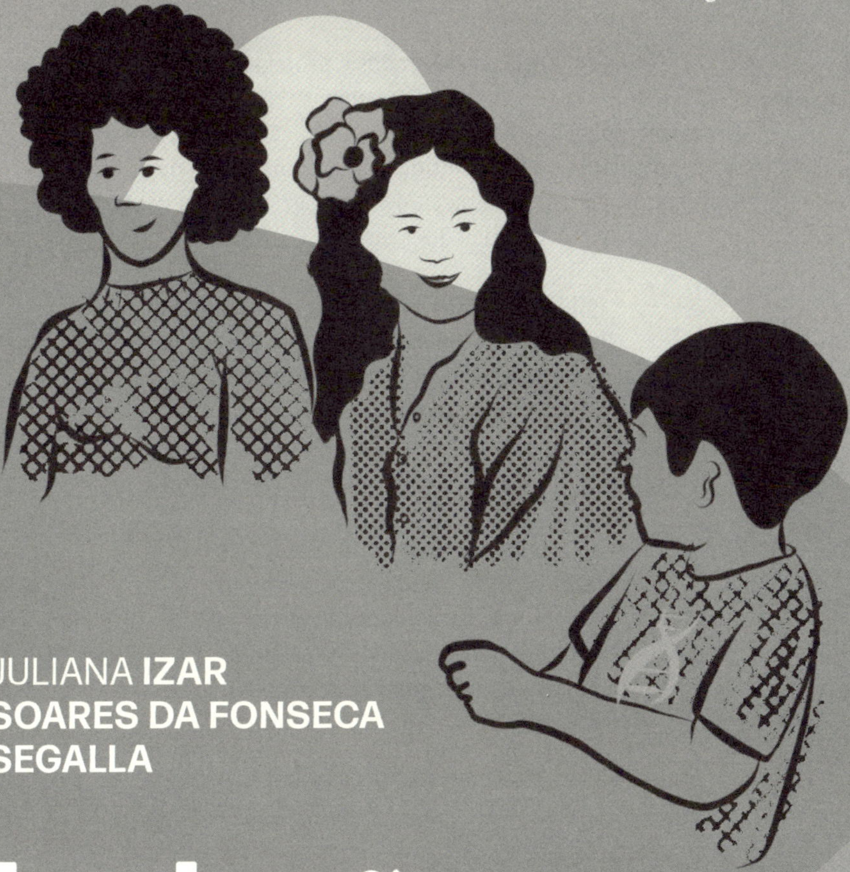

JULIANA **IZAR**
SOARES DA FONSECA
SEGALLA

Inclusão não é favor nem bondade

©2021, Juliana Izar Soares da Fonseca Segalla

Todos os direitos reservados e protegidos pela Lei nº 9.610/1998. Nenhuma parte deste livro, sem autorização prévia, poderá ser reproduzida ou transmitida sejam quais forem os meios empregados: eletrônicos, mecânicos, fotográficos, gravação ou quaisquer outros.

Publisher – Editorial: Luciana Félix
Publisher – Comercial: Patrícia Melo
Copidesque e preparação de texto: Pamela Andrade
Revisão: Equipe Matrioska Editora
Projeto gráfico e editoração: Marcelo Correia da Silva
Ilustrações e Capa: Rafaela Fiorini e Lídia Ganhito

Matrioska Editora
Atendimento e venda direta ao leitor:
www.matrioskaeditora.com.br
contato@matrioskaeditora.com.br
facebook.com/matrioskaeditora
instagram.com/matrioskaeditora

Dados Internacionais de Catalogação na Publicação (CIP)
(Câmara Brasileira do Livro, SP, Brasil)

Segalla, Juliana Izar Soares da Fonseca
 Inclusão não é favor nem bondade / Juliana Izar Soares da Fonseca Segalla. -- São Paulo : Matrioska Editora, 2021. -- (Leituras críticas importam ; 1 / coordenação Alvaro de Azevedo Gonzaga)

 ISBN 978-65-86985-27-6

 1. Capacitismo 2. Pessoas com deficiência 3. Pessoas com deficiência - Direitos 4. Pessoas com deficiência - Inclusão social I. Gonzaga, Alvaro de Azevedo. II. Título III. Série.

21-69244 CDD-305.90816

Índices para catálogo sistemático:

1. Pessoas com deficiência : Inclusão social : Sociologia   305.90816

Maria Alice Ferreira - Bibliotecária - CRB-8/7964

Impresso no Brasil
2021

Dedico esta obra a todas as pessoas que acreditam em igualdade, justiça social e responsabilidade cidadã e que lutam para concretização de uma sociedade para TODOS.

Agradecimentos

Meus sinceros agradecimentos ao queridíssimo Professor Dr. Alvaro, que idealizou e organizou esta Série tão valorosa e necessária e que me honrou com o convite para participar dela.

Agradeço, ainda, à Matrioska Editora, nas pessoas de Luciana Félix e Patrícia Melo.

Por fim, agradeço a Deus, à minha família (Matheus, João e Gustavo: obrigada por compreenderem e sempre me apoiarem nas horas de ausência para estudo, pesquisa e escrita) e à Rosa, por todo seu auxílio fundamental em nosso dia-a-dia.

Muita, muita gratidão!

"A gente não quer só comida
A gente quer comida, diversão e arte
A gente não quer só comida
A gente quer saída para qualquer parte.
[...]
A gente não quer só dinheiro
A gente quer dinheiro e felicidade
A gente não quer só dinheiro
A gente quer inteiro e não pela metade"
(Titãs - Comida)

Apresentação da Série

Crítica Ancestral

A série *Leituras Críticas Importam* nasce ambiciosa e orgulhosa, ao mesmo tempo. A ambição perpassa a perspectiva de nossas autoras e autores, que assumiram a tarefa de contribuir no debate público brasileiro com temas de fôlego, enquanto o orgulho vem da unificação do novo com a ancestralidade que acompanha cada linha depositada nestas páginas.

As diversas obras que compõem este projeto foram pensadas para que possamos compreender como as ancestralidades construíram e fortificaram um novo pano de fundo que defendemos. O objetivo aqui, seja explícito ou não, é criar uma série em que o criticismo filosófico fosse capaz de alçar novos voos, assumir outras cores, raças, gêneros, identidades e formas que não apenas as falas tradicionais da filosofia eurocêntrica.

Leituras Críticas Importam consiste na dimensão de que a luta por questões estruturais, fundantes, elementares são necessárias e constantes. A série aponta para o direcionamento de que a ancestralidade é mais que uma definição: é um compromisso com as gerações anteriores e com uma tradição que jamais pode ser apagada. Nos textos que conformam essa obra ambiciosa, as ancestralidades não podem ser vistas apenas como uma forma de expressar e legitimar dimensões singulares e simples, mas sim, de compreendermos as questões convergentes e divergentes nessas trajetórias, tão necessárias para uma construção democrática, plural e crítica.

A convergência está no núcleo de nossos livros, que buscam reconhecer a existência de uma estrutura construída a partir de racismos contra indígenas, negros, povos e comunidades tradicionais, de discriminações contra as pessoas em situação de rua, pessoas com deficiência, pessoas LGBTQIA+, imigrantes e refugiadas. Está no reconhecimento das formas pelas quais o patriarcalismo é tensionado pelos feminismos; ou na constatação dos privilégios daqueles beneficiados por essa construção social em todas as instâncias dessa sociedade, inclusive no ambiente de trabalho. Na divergência, a necessária compreensão das multifaces que constroem uma dimensão imagética encantadora, brilhante, genial, rica e em caminhos abertos à crítica.

É na ancestralidade, não eurocêntrica, de aprendermos com aqueles que nos antecederam para decolonizarmos os corpos que foram sistematicamente excluídos, que podemos tensionar e criticar uma sociedade que se declara pró-democrática ao mesmo tempo em que, ao se omitir de maneira contumaz das "Leituras Críticas", é verdadeiramente demagógica. Uma sociedade que precisa ser antirracista, antipreconceituosa e, entre tantas coisas, comprometida com a superação de privilégios.

Cada palavra selecionada nos volumes foi escrita por mãos plurais que se desacorrentaram das dimensões individuais, sem abandonar suas individualidades e subjetividades e, com isso, a série é um convite aos leitores para que tragam suas críticas e reflexões, visando o constante aprimoramento para um horizonte melhor no amanhã.

Alvaro de Azevedo Gonzaga
Em coconstrução com as autoras e os autores da série
Leituras Críticas Importam.

Apresentação

"As coisas têm preço enquanto que as pessoas têm dignidade, é a preciosa lição de Kant". Lição para a qual Juliana Izar Soares da Fonseca Segalla nos chama à atenção em cada linha de sua obra Inclusão não é favor nem bondade.

A partir de uma visão cidadã a respeito da deficiência, Juliana apresenta, de maneira altiva, sem rodeios e muito didática, os direitos das pessoas com deficiência em sua evolução e estado atual.

Apesar de sua ampla formação profissional, como professora e doutora em Direito, revela que também já foi vítima do chamado "capacitismo" – conceito que explica muito bem – apenas porque possui deficiência auditiva. Com a propriedade que lhe dá esse lugar de fala, critica o fato de ser comum pensarem que a pessoa com deficiência está sempre precisando de ajuda, mas nunca perguntam: "você precisa de ajuda? Como eu posso te ajudar?"

Ou seja, é possível que a pessoa com deficiência esteja sim precisando de ajuda (quem não precisa?) e isso poderia ser feito de maneira natural. Aliás, como observa Juliana, seria natural se todos e todas convivessem com pessoas com deficiência desde a mais tenra idade, "sobretudo na escola".

E por falar em escola, merece destaque o capítulo "Educação inclusiva como direito de todos" no qual o tema é abordado com profundidade e firmeza, como, por exemplo, nas seguintes passagens:

Educação Especial – segregada - é "educação café-com-leite": finge-se que o aluno com

> deficiência está inserido no sistema educacional, quando na verdade o que está acontecendo é a retirada do seu direito à educação formal e o impedimento de alcançar maior desenvolvimento e autodeterminação.
>
> [...]
>
> [...] o direito à educação inclusiva não é apenas um direito dos alunos que têm deficiência, porém, também daqueles que não as têm, porque todos precisam aprender a conviver com as diferenças e assim se desenvolverem plenamente como seres humanos e cidadãos conscientes. É assim que "aprendemos a ser".

Juliana cuida também dos possíveis retrocessos a que está sujeito o direito à educação inclusiva, avaliando ponto a ponto do Decreto 10.502, de outubro de 2020, que dispõe sobre Educação especial, e demonstra os motivos de sua inconstitucionalidade.

A obra traz reflexões importantíssimas sobre dignidade, exclusão, caridade, solidariedade e fraternidade. Sintetiza que "solidariedade e cidadania andam de mãos dadas". Por isso, é preciso haver solidariedade entre todas as pessoas, o que nada mais é do que o cumprimento do primeiro dos objetivos fundamentais da República: "a construção de uma sociedade livre, justa e solidária" (art. 3ª, CF).

Por fim, ressalto o entusiasmo de Juliana ao nos convidar a ser "anticapacitistas". Esse é um convite necessário, pois a sociedade em geral, mas principalmente a comunidade jurídica, está cheia de capacitistas.

Alguns(as) são juristas que deferem benefícios com base em paradigmas de caridade e não de solidariedade e dignidade: ao mesmo tempo em que facilmente concedem, por exemplo, o direito a uma isenção de tributos, negam direitos como educação inclusiva e trabalho. Outros são aqueles(as) que se gabam de ser contra o que chamam de "princípio do coitadinho" e negam direitos de pessoas com deficiência para quem tem "apenas pequenas deficiências", "não incapacitantes".

Com a obra de Juliana, constata-se que tais juristas não são apenas preconceituosos(as), eles(as) estão totalmente desatualizados(as) a respeito dos conceitos e princípios adotados na legislação brasileira, a partir da Convenção da ONU sobre Direitos de Pessoas com Deficiência.

Espero que todas essas pessoas leiam este livro, que aprendam com as considerações de Juliana Izar Segalla e que se tornem ANTICAPACITISTAS.

Eugênia Augusta Gonzaga
Procuradora Regional da República. Mestre em Direito Constitucional pela PUC-SP. Autora do livro *Direitos das Pessoas com Deficiência,* pela WVA Editora.

Prefácio

A obra cuja honra de comentar me foi conferida pela autora instiga à reflexão sobre a primeira barreira e mais veemente para a verdadeira inclusão das pessoas com deficiência. Justamente a atitude, o comportamento social em face das pessoas com deficiência, tem-se apresentado como fulcro da exclusão desses cidadãos. A prévia percepção equivocada de que as pessoas com deficiência são incapazes de realizar as ações normais da vida, sendo merecedoras, por isso, de tratamento caritativo, finda por impor a pecha cruel do isolacionismo.

A luta milenar das pessoas com deficiência atingiu seu apogeu com a publicação da Convenção Internacional dos Direitos das Pessoas com Deficiência, a qual consagra vários princípios capazes de romper esse grilhão. Passa-se, então, ao conceito político de pessoa com deficiência espelhado pelo artigo 1 do Tratado em comento. A norma em análise soma os impedimentos físicos, mentais e sensoriais das pessoas com deficiência com os aspectos sociais que as envolve. Atribui-se, assim, à sociedade o papel de identificar e eliminar os obstáculos para que os cidadãos com deficiência se integrem plenamente com a afirmação da dignidade inerente e cidadania.

A recusa de adaptação do meio, segundo a mesma Convenção Internacional, implicará discriminação. Nesse aspecto, há uma profunda inovação na referência jurídica de tipificação da discriminação, pois não apenas a intenção de excluir a pessoa com deficiência ou os atos que venham a resultar nessa exclusão são abarcados por esse conceito, mas, como já dizia, a própria recusa de adaptação do meio

suscitará o ato discriminatório. A legislação brasileira tipifica como criminosa a conduta discriminatória, nela incluídas, portanto, a ação ou omissão de excluir e a recusa de adaptação do meio.

A maior contribuição deste trabalho, então, é exatamente o enfrentamento da barreira atitudinal, desmistificando a condição social da pessoa com deficiência, que não precisa de caridade, e sim de políticas públicas que quebrem os tabus e a piedade. São quatro capítulos harmonicamente articulados, que expõem, sucessivamente, *"Ô coitado!" – Pessoas com deficiência e a discriminação, Direitos das pessoas com deficiência, Educação inclusiva como direito de todos* e *A luta continua*.

A exposição aborda de maneira abrangente o quadro hoje delineado para identificar na educação inclusiva o melhor instrumento de informação para as pessoas com deficiência, os seus familiares e a sociedade em geral acerca da real condição dessas pessoas. É certo, pois, que, a partir da educação, a sociedade propiciará tratamento adequado à busca da condição efetivamente libertária daqueles que, sob o falso pretexto da caridade, têm sido privados da interação social da dignidade humana e da independência a ela inerente.

Recebi com alegria o trabalho que surge em momento oportuno, exatamente para resistirmos à postura agressiva do governo do Brasil que vem sistematicamente propondo solapar conquistas desse segmento. A Convenção sobre os Direitos das Pessoas com Deficiência foi uma conquista dessas pessoas, forjada por um consenso mundial, que tem como lema central a plena participação da pessoa com deficiência, que deve previamente ser consultada, o que não vem acontecendo.

Parabéns à Juliana Izar Soares da Fonseca Segalla pelo trabalho, que ergue a bandeira da educação inclusiva, reverbera o artigo 24 da Convenção da ONU e a Lei Brasileira de Inclusão.

Ricardo Tadeu Marques da Fonseca
Desembargador do Tribunal Regional do Trabalho do Paraná, Especialista e Mestre em Direito do Trabalho e Processo do Trabalho pela Universidade de São Paulo e Doutor em Direito das Relações Sociais pela Universidade Federal do Paraná

CAPÍTULO 1
"Ô coitado!" – Pessoas com deficiência e a discriminação   1
   1.1. Quem são as pessoas com deficiência?   3
   1.2. Discriminação, estereótipo e preconceito: as faces do capacitismo   15
   1.3. Caridade, opressão e compaixão: o que isso tem a ver?   23

CAPÍTULO 2
Direitos das Pessoas com Deficiência   25
   2.1. Breve síntese dos direitos em vigor no Brasil   29
      2.1.1. A Convenção Internacional sobre os Direitos das Pessoas com Deficiência e a Lei Brasileira de Inclusão   *30*
      2.1.2. Dignidade humana e o direito de não ser visto como "menos"   *35*

CAPÍTULO 3
Educação Inclusiva como direito de todos   43
   3.1. A possível e necessária mudança de paradigma – educando para solidariedade   63
      3.1.1. Princípio da solidariedade e construção de uma sociedade para todos   *69*

CAPÍTULO 4
A luta continua...   77
   4.1. Em oposição aos retrocessos   78

CONSIDERAÇÕES FINAIS
Construindo uma sociedade para TODOS!   91

MINI GLOSSÁRIO
Terminologias ligadas à deficiência   95

REFERÊNCIAS   107

ANEXO I   115

ANEXO II   121

Sumário

CAPÍTULO 1

"Ô coitado!" – Pessoas com deficiência e a discriminação

Em primeiro lugar, gostaria de lhe propor um desafio, meu caro leitor, contando com sua máxima sinceridade: qual é o primeiro sentimento que lhe vem quando está diante de alguém que tem deficiência? Você já parou para pensar sobre esse sentimento e do porquê dele?

É bastante comum o sentimento de pena diante de alguém que tem deficiência e talvez tenha sido esse o seu sentimento. Isso é fruto de como nossa cultura/sociedade enxerga a deficiência.

Posso dizer, sem medo de errar, que NÓS que temos deficiência não gostamos de ser vistos através de um olhar de dó, de pena, como se fôssemos fadados a sermos infelizes por conta de nossas características corpóreas, sensoriais ou intelectuais.

Aliás, ninguém gosta de ser enxergado sob olhar de pena, não é mesmo?

É sabido que não temos uma sociedade preparada para lidar com a diferença e que nossos espaços estão longe de serem inclusivos. Então, são muitas as barreiras que a pessoa com deficiência enfrenta e, realmente, não é simples ter deficiência em nosso país. No entanto, isso não significa que não se possa mudar essa realidade nem que quem tem deficiência é "um coitado por natureza". Não! De jeito nenhum! Como se verá adiante, todos somos dotados de capacidades e limitações.

Ao escrever este livro, ocupo meu lugar de fala enquanto pessoa com deficiência auditiva. Todavia, meu desejo é que nos desenvolvamos social e humanamente a ponto de percebermos que a deficiência não vem antes da pessoa e não a define: *a deficiência é apenas mais uma das muitas características da diversidade humana.*

Frise-se uma vez mais: TODOS os seres humanos (com ou sem deficiência) são dotados de capacidades e limitações!

Ocorre, porém, que as limitações de quem tem alguma deficiência, por serem nominadas, são de mais fácil identificação, o que não significa que elas são maiores ou piores do que as limitações daqueles que não tem deficiência.

Os tempos atuais exigem que se repita e se reforce o óbvio. Dentre essas obviedades necessárias, está o fato de que a humanidade é essencialmente diversa e que a aceitação do outro é parte de nossa natureza social.

É certo que cada ser humano é naturalmente único e que a pluralidade é marca da nossa espécie. Porém, num contexto como o nosso, em que as pessoas são massificadas e padronizadas, talvez aquele que tem alguma deficiência tenha sua diferença mais claramente perceptível e, por isso, seja alvo de preconceito e/ou discriminação.

As pessoas com deficiência são uma parcela bastante significativa da população brasileira, como se verá a seguir, e é imprescindível que avancemos na construção de uma sociedade para TODOS. É notório que evoluímos muito, mas há ainda muita coisa para ser feita para que o indivíduo que tem deficiência seja reconhecido como sujeito de capacidades e igual valor. E, também, precisamos lutar para que retrocessos não aconteçam e os direitos tão duramente conquistados não sejam deixados de lado.

1.1. Quem são as pessoas com deficiência?

O Censo de 2010 do IBGE demonstrou que 23,9% dos brasileiros têm alguma deficiência (mais de 45 milhões de pessoas – quase um quarto da população) (BRASIL, IBGE, 2010). A Organização Mundial da Saúde estima que 10% da população mundial apresente deficiência (BRASIL, ONUBR, 2012). Ou seja, é muita gente! Então, é preciso refletir que, diante desses números, não é possível entender o conceito

de "normalidade" como antônimo de deficiência, afinal, é comum ter deficiência (e, valendo-me das palavras de Caetano Veloso, "de perto ninguém é normal"[1]).

O conceito de pessoa com deficiência teve uma importante mudança em termos legislativos com a incorporação, em nosso ordenamento jurídico (com equivalência de norma constitucional), da Convenção Internacional sobre os Direitos das Pessoas com Deficiência.

Essa mudança conceitual foi fruto de uma evolução na maneira de enxergar e tratar a deficiência. Como afirma Ricardo Tadeu Marques da Fonseca (2012, p. 19), definir no documento de Direitos Humanos ora comentado quem é a pessoa com deficiência exigiu ampla discussão e, principalmente, participação dos próprios interessados.

É oportuno salientar a importância da "participação dos próprios interessados": os movimentos de luta de pessoas com deficiência no mundo todo têm se valido, desde o século XX, do lema "Nada sobre nós sem nós" (*"Nothing about us without us"*)[2], demonstrando a necessidade de que seja ouvida a voz dos verdadeiros peritos em sua situação para qualquer atitude que lhes diga respeito. Ou seja, toda e qualquer decisão que envolva as pessoas com deficiência deve ter a participação e opinião das próprias pessoas com deficiência.

Passemos, agora, ao artigo 1 da Convenção, que assim define pessoa com deficiência:

---

[1] Música Vaca Profana – https://www.letras.mus.br/caetano-veloso/44789/. Acesso em 28 dez. 2020.

[2] Para saber mais sobre a História do lema: SASSAKI, Romeu Kazumi. Nada sobre nós, sem nós: Da integração à inclusão – Parte 1. Revista..., ano X, n. 57, jul./ag. 2007, p. 8-16.

> *Pessoas com deficiência são aquelas que têm impedimentos de longo prazo de natureza física, mental, intelectual ou sensorial, os quais, em interação com diversas barreiras, podem obstruir sua participação plena e efetiva na sociedade em igualdades de condições com as demais pessoas.*

Ressalta-se que houve uma transformação de paradigma a partir desse conceito, pois ele define a deficiência através do modelo social, que é a forma mais adequada de se entender essa questão.

Explicamos: duas formas coexistem na maneira de ver/entender a deficiência, quais sejam, através de um **modelo médico**, que a enxerga descontextualizada, como sendo um "problema" apenas do indivíduo e no máximo de sua família, devendo ele se esforçar para "se normalizar" e se adaptar para a vida em sociedade; ou através de um **modelo social**, que considera a deficiência como a soma de dois fatores inseparáveis: "as sequelas existentes no corpo e as barreiras físicas, econômicas e sociais impostas pelo ambiente ao indivíduo que tem essas sequelas" (WERNECK, 2005, p. 27) e que, portanto, traz a responsabilidade sobre TODOS de construir uma sociedade inclusiva.

O modelo social para definição da deficiência surgiu a partir da iniciativa de pessoas com deficiência, reunidas no *Social Disability Movement*, na década de 1960.

Esse movimento provou que a maior parte das dificuldades enfrentadas por pessoas com deficiência é resultado da forma pela qual a sociedade lida com as limitações de cada indivíduo. Ora, claro está que as sequelas físicas, intelectuais e sensoriais podem ser atenuadas ou agravadas por barreiras socioambientais. Exemplificando: se você conversar comigo de costas ou com a mão na frente

da boca, o que me impede de fazer a leitura labial, minha deficiência será acentuada por sua atitude. Se um cadeirante chegar a um prédio que tem Desenho Universal (ou seja, está preparado para receber TODAS as pessoas, têm rampas, piso tátil etc.), sua deficiência é atenuada pelo ambiente que está pronto para recebê-lo.

A limitação corpórea, sensorial ou intelectual deve ser vista como uma das características do indivíduo, mas não algo tão grande ou tão importante a ponto de não se conseguir ver além dela. A deficiência, como destacamos, é uma característica (dentre tantas outras) da diversidade humana e assim deve ser considerada. Vale dizer, mais uma vez, **a deficiência não define a pessoa nem deve ser vista antes dela**.

Como dito, inegável é que já avançamos bastante no que tange à inclusão social das pessoas com deficiência. No entanto, também é notório que ainda há muito por fazer. Enxergar a deficiência com naturalidade, livre de preconceitos e estereótipos só será realidade a partir de uma educação em meio às diferenças e é por isso que ressaltamos que a escola inclusiva é um direito de TODOS (vamos falar um pouco mais sobre isso adiante).

Existem deficiências congênitas (aquelas que já vêm gravadas no material genético do indivíduo) e as deficiências que são adquiridas ao longo da vida. Dentre as deficiências adquiridas, pode-se afirmar que, conforme a idade avança, maiores são as chances de a pessoa vir a ter alguma deficiência, por conta da degradação natural do organismo. É lógico, portanto, que provavelmente com oitenta anos o indivíduo não tenha a mesma disposição, mobilidade, audição ou visão de quando tinha vinte anos, por exemplo.

Necessário, então, atentar para o fato de que a expectativa de vida dos brasileiros está aumentando e, dessa forma, preparar uma sociedade para lidar com as deficiências num contexto de naturalidade e tornar seus espaços acessíveis a todos é prepará-la para nos receber amanhã.

A bela Carta aos Pais, de Rubem Alves[3], nos faz refletir sobre deficiência e o envelhecer humano:

> Carta aos pais
>
> Também sou pai e portanto compreendo. Vocês querem o melhor para o filho, para a filha. A melhor escola, os melhores professores, os melhores colegas. Vocês querem que filhos e filhas fiquem bem preparados para a vida. A vida é dura e só sobrevivem os mais aptos. É preciso ter uma boa educação.
>
> Compreendo, portanto, que vocês tenham torcido o nariz ao saber que a escola ia adotar uma política estranha: colocar crianças deficientes nas mesmas classes das crianças normais. Os seus narizes torcidos disseram o seguinte: Não gostamos. Não deveria ser assim! O problema começa com o fato de as crianças deficientes serem fisicamente diferentes das outras, chegando mesmo, por vezes, a ter uma aparência esquisita. E isso cria, de saída, um mal-estar... digamos... estético. Vê-las não é uma experiência agradável. É preciso se acostumar... Para complicar há o fato de as crianças deficientes serem mais lerdas: elas aprendem devagar. As professoras vão ser forçadas a

---

[3] Publicada originalmente no Correio Popular, edição de 09 de fevereiro de 2003. Disponível em: http://intervox.nce.ufrj.br/~jobis/cart.html. Acesso em: 28 dez. 2020.

diminuir o ritmo do programa para que elas não fiquem para trás. E isso, evidentemente, trará prejuízos para nossos filhos e filhas, normais, bonitos, inteligentes. É preciso ser realista; a escola é uma maratona para se passar no vestibular. É para isso que elas existem. Quem fica para trás não entra... O certo mesmo seria ter escolas especializadas, separadas, onde os deficientes aprenderiam o que podem aprender, sem atrapalhar os outros.

Se é assim que vocês pensam eu lhes digo: Tratem de mudar sua maneira de pensar rapidamente porque, caso contrário, vocês irão colher frutos muito amargos no futuro. Porque, quer vocês queiram quer não, o tempo se encarregará de fazê-los deficientes.

É possível que na sua casa, num lugar de destaque, em meio às peças de decoração, esteja um exemplar das Escrituras Sagradas. Via de regra a Bíblia está lá por superstição. As pessoas acreditam que Deus vai proteger. Se assim fosse, melhor que seguro de vida seria levar uma Bíblia sempre no bolso. Não sei se vocês a lêem. Deveriam. E sugiro um poema sombrio, triste e verdadeiro do livro de Eclesiastes. O autor, já velho, aconselha os moços a pensar na velhice. Lembra-te do Criador na tua mocidade, antes que cheguem os dias das dores e se aproximem os anos dos quais dirás: "Não tenho mais alegrias..." Antes que se escureça a luz do sol, da lua e das estrelas e voltem as nuvens depois da chuva... Antes que os guardas da casa comecem a tremer e os homens fortes a ficar curvados... Antes que as mós sejam poucas e pararem de moer... Antes que a escuridão envolva os que olham pelas janelas... Antes que as pessoas se levantem com o canto dos pássaros... Antes que cessem todas as canções... Então se terá medo das alturas e se terá medo de andar nos caminhos planos... Quando a amendoeira florescer com suas flores brancas, quando um simples gafanhoto ficar pesado e as alcaparras não tiverem mais gosto... Antes que se rompa o fio de prata e se despedace a taça de ouro e se quebre o cântaro junto à fonte e se parta a roldana do poço e o pó volte à terra... Brumas, brumas, tudo são brumas... (Eclesiastes 12: 1-8)

Os semitas eram poetas. Escreviam por meio de metáforas. Metáfora é uma palavra que sugere uma outra. Tudo o que está escrito nesse poema se refere a você, a mim, a todos. Antes que se escureça a luz do sol... Sim, chegará o momento em que os seus olhos não verão como viam na mocidade. Os seus braços ficarão fracos e tremerão no seu corpo curvo. As mós - seus dentes - não mais moerão por serem poucos. E a cama pela manhã, tão gostosa no tempo da mocidade, ficará incômoda. Você se levantará tão cedo quanto os pássaros e terá medo de andar por não ver direito o caminho. É preciso ser prudente porque os velhos caem com facilidade por causa de suas pernas bambas e podem quebrar a cabeça do fêmur. Pode até ser que você venha a precisar de uma bengala. Por acaso os moinhos pararão de moer? Não, os moinhos não param de moer. Mas você parará de ouvir. Você está surdo. Seu mundo ficará cada vez mais silencioso. E conversar ficará penoso.

Você verá que todos estão rindo. Alguém disse uma coisa engraçada. Mas você não ouviu. Você rirá, não por ter achado graça, mas para que os outros não percebam que você está surdo. Você imaginou uma velhice gostosa. E até comprou um sítio com piscina e árvores. Ah! Que coisa boa, os netos todos reunidos no "Sítio do Vovô", nos fins de semana! Esqueça. Os interesses dos netos são outros. Eles não gostam de conviver com deficientes. Eles não aprenderam a conviver com deficientes. Poderiam ter aprendido na escola mas não aprenderam porque houve pais que protestaram contra a presença dos deficientes.

A primeira tarefa da educação é ensinar as crianças a serem elas mesmas. Isso é extremamente difícil. Fernando Pessoa diz: *Sou o intervalo entre o meu desejo e aquilo que os desejos dos outros fizeram de mim*. Frequentemente as escolas esmagam os desejos das crianças com os desejos dos outros que lhes são impostos. O programa da escola, aquela série de saberes que as professoras tentam ensinar, representa os desejos de um outro, que não a criança. Talvez um burocrata que pouco entende dos desejos das crianças. É preciso que as escolas ensinem as crianças a tomar consciência dos seus sonhos!

A segunda tarefa da educação é ensinar a conviver. A vida é convivência com uma fantástica variedade de seres, seres humanos, velhos, adultos, crianças, das mais variadas raças, das mais variadas culturas, das mais variadas línguas, animais, plantas, estrelas... Conviver é viver bem em meio a essa diversidade. E parte dessa diversidade *são as pessoas portadores de alguma deficiência ou diferença. Elas fazem parte do nosso mundo. Elas têm o direito de estar aqui. Elas têm direito à felicidade. Sugiro que vocês leiam um livrinho que escrevi para crianças, faz muito tempo: Como nasceu a alegria. É sobre uma flor num jardim de flores maravilhosas que, ao desabrochar, teve uma de suas pétalas cortada por um espinho. Se o seu filho ou sua filha não aprender a conviver com a diferença, com os portadores de deficiência, e a ser seus companheiros e amigos, garanto-lhes: eles serão pessoas empobrecidas e vazias de sentimentos nobres. Assim, de que vale passar no vestibular?*

Li, numa cartilha de curso primário, a seguinte estória: Viviam juntos o pai, a mãe, um filho de 5 anos, e o avô, velhinho, vista curta, mãos trêmulas. Nas refeições, por causa de suas mãos fracas e trêmulas, ele começou a deixar cair peças de porcelana em que a comida era servida. A mãe ficou muito aborrecida com isso, porque ela gostava muito do seu jogo de porcelana. Assim, discretamente, disse ao marido: Seu pai não está mais em condições de usar pratos de porcelana. Veja quantos ele já quebrou! Isso precisa parar... O marido, triste com a condição do seu pai mas, ao mesmo tempo, sem desejar contrariar a mulher, resolveu tomar uma providência que resolveria a situação. Foi a uma feira de artesanato e comprou uma gamela de madeira e talheres de bambu para substituir a porcelana. Na primeira refeição em que o avô comeu na gamela de madeira com garfo e colher da bambu o netinho estranhou. O pai explicou e o menino se calou. A partir desse dia ele começou a manifestar um interesse por artesanato que não tinha antes. Passava o dia tentando fazer um buraco no meio de uma peça de madeira com um martelo e um formão. O pai, entusiasmado com a revelação da vocação artística do filho, lhe perguntou: O que é que você está fazendo, filhinho? O menino, sem tirar os olhos da madeira, respondeu: Estou fazendo uma gamela para quando você ficar velho...

Pois é isso que pode acontecer: se os seus filhos não aprenderem a conviver numa boa com crianças e adolescentes portadores de deficiências eles não saberão conviver com vocês quando vocês ficarem deficientes. Para poupar trabalho ao seu filho ou filha sugiro que visitem uma feira de artesanato. Lá encontrarão maravilhosas peças de madeira... (Correio Popular, 09/02/03).

Registrem-se as palavras de José Pastore (2000), que vêm ao encontro do pensamento de Rubem Alves (2003), de que um dia todos seremos pessoas com deficiência, afinal, com o passar dos anos a mobilidade do corpo e os sentidos vão se deteriorando num desgaste natural:

> Os não portadores de deficiência ignoram que, com o passar da idade, os seres humanos, eles inclusive, terão as suas funções reduzidas afinal. A degenerescência dos órgãos e a velhice formam o destino de todos nós. Ademais, ninguém está livre de, a qualquer momento, passar a ter uma limitação de ordem física, sensorial ou mental.

> *No fundo, todos os seres vivos terão de conviver com algum tipo de deficiência ao longo de suas vidas. PASTORE, 2000, p. 20).*

Conforme dados do IBGE (BRASIL, 2000), a estimativa é de que a população brasileira viverá em média 14 anos com alguma deficiência.

Já dissemos acima que, com o passar dos anos, as capacidades do corpo humano vão diminuindo e que, quanto mais o tempo passa, mais o aparelho biológico sofre com um processo de degradação. Assim, quanto maior a idade, maiores as chances de um organismo apresentar alguma deficiência.

A sociedade inclusiva pressupõe que todas as pessoas estejam nela inseridas, incondicionalmente (a inclusão é sempre incondicional), independentemente da idade, gênero, deficiência ou qualquer outro característico humano.

Observe, pois, que o conceito de pessoa com deficiência é merecedor da atenção na medida em que delimita a área de proteção legal e estimula ações do Poder Público, bem como é o ponto de partida para uma mudança necessária na forma de enxergar o indivíduo que possui deficiência.

O indivíduo com deficiência não deve ser relacionado à ideia de incapacidade, mas sim de adaptação, de atendimento às suas necessidades. Nem deve ser "alvo natural" de um olhar assistencialista.

Nesse sentido, é importantíssimo entender que as pessoas com deficiência não querem nem precisam de "caridade", ao contrário, são sujeitos de direitos e deveres e, como tais, devem ser respeitados. É essencial que tenham iguais oportunidades de desenvolvimento de seu potencial e apresentação desse potencial, assim como as pessoas que não têm deficiência. Empoderamento e autodeterminação são objetivos a serem buscados.

Como acontece a todos os segmentos da sociedade, as pessoas com deficiência constituem um grupo diverso de seres humanos, daí porque somente as políticas que respeitem esta pluralidade serão eficazes.

Inegável a urgência de uma conscientização em relação ao assunto: o mundo é plural! A "padronização" de pessoas é fantasiosa. Ninguém é e nem será igual a ninguém, pois a essência de cada um é única.

Alguns países que sofreram com as Grandes Guerras Mundiais, em razão de seu contexto histórico, têm uma visão diferenciada acerca da pessoa com deficiência e de suas necessidades. A quantidade expressiva de combatentes que voltaram com alguma deficiência dessas guerras fez com que existisse uma mudança na forma de enxergar quem tinha deficiência, já que eles eram heróis. Isso refletiu nas ações do Poder Público em relação ao tema.

No Brasil, as guerras mundiais não acarretaram a conscientização da questão da deficiência, como ocorreu nos países europeus e nos Estados Unidos. Contudo, apesar de aqui as pessoas com deficiência não terem esse passado que as vincula ao heroísmo de guerra, nosso país tem uma das legislações mais avançadas do mundo no que tange à proteção das pessoas com deficiência.

Na Constituição Brasileira de 1988 o Legislador Constituinte tratou da proteção das pessoas com deficiência em vários artigos, em capítulos diversos. Essa Constituição, também chamada de Carta Cidadã, trouxe grande avanço na proteção de minorias e grupos vulneráveis (e, portanto, das pessoas com deficiência).

Observa-se, então, que o Constituinte da Carta de 1988 demonstrou bastante preocupação com as pessoas quem têm deficiência, garantindo-lhes uma série de direitos. O tratamento específico dado às pessoas com deficiência tem também cunho didático, ou seja, para que se ressalte a ideia da inclusão de todas as pessoas numa sociedade sem preconceitos ou discriminação, pois assim já afirmara seu art. 3º, além da previsão expressa do *caput* do art. 5º de que *"todos são iguais perante a lei, sem distinção de qualquer natureza (...)"*. Porém, o grande desafio está na efetivação desses direitos, como forma de atingir uma sociedade livre, *justa e solidária*.

Comumente vemos a deficiência atrelada à ideia de perda, de falta, e isso não corresponde à realidade, haja vista, por exemplo, os superdotados, os quais não têm falta ou perda em suas funções, no entanto, podem ser considerados pessoas com deficiência por causa de suas necessidades especiais em relação à interação social. Assim, não restam dúvidas de que é preciso rever o "pré-conceito" social acerca da deficiência para a construção de uma sociedade verdadeiramente inclusiva.

1.2. Discriminação, estereótipo e preconceito: as faces do capacitismo

Faz parte da realidade das pessoas com deficiência a discriminação, o estereótipo e o preconceito. Então, para entendermos o que cada uma dessas coisas significa, valemo-nos da conceituação do Programa Nacional de Direitos Humanos, na edição de "Brasil, gênero e raça" (BRASIL, 1998, p. 14-15), uma vez que é simples e bastante elucidativa:

> *Estereótipo, embora possua nome complicado, tem funcionamento que pode ser comparado ao de um simples carimbo. Uma vez 'carimbados' os membros de determinado grupo como possuidores deste ou daquele 'atributo', as pessoas deixam de avaliar os membros desses grupos pelas suas reais qualidades e passam a julgá-los pelo carimbo.*

Exemplo: todo judeu é sovina; todo japonês é introspectivo; todo português é burro; [...].

Preconceito é uma indisposição, um julgamento prévio, negativo, que se faz de pessoas estigmatizadas por estereótipos.

Discriminação é o nome que se dá para a conduta (ação ou omissão) que viola direitos das pessoas, com base em critérios injustificados e injustos tais como a raça, o sexo, a idade, a opção religiosa e outros.

É incontestável que as pessoas com deficiência convivem com a dura realidade de preconceitos, estereótipos e discriminações. Tanto assim que a Lei Brasileira de Inclusão das Pessoas com Deficiência (Lei nº 13.146/2015), indo ao encontro do compromisso assumido pelo Brasil quando incorporou a Convenção Internacional Sobre os Direitos das Pessoas com Deficiência[4], visando coibir atitudes discriminatórias, previu como crime:

> **Art. 88. Praticar, induzir ou incitar discriminação de pessoa em razão de sua deficiência:**
>
> Pena - reclusão, de 1 (um) a 3 (três) anos, e multa.

---

[4] Artigo 8 da Convenção:
1. Os Estados Partes se comprometem a adotar medidas imediatas, efetivas e apropriadas para:
a) Conscientizar toda a sociedade, inclusive as famílias, sobre as condições das pessoas com deficiência e fomentar o respeito pelos direitos e pela dignidade das pessoas com deficiência;
b) Combater estereótipos, preconceitos e práticas nocivas em relação a pessoas com deficiência, inclusive aqueles relacionados a sexo e idade, em todas as áreas da vida;
c) Promover a conscientização sobre as capacidades e contribuições das pessoas com deficiência. (Grifamos.)

§ 1º Aumenta-se a pena em 1/3 (um terço) se a vítima encontrar-se sob cuidado e responsabilidade do agente.

§ 2º Se qualquer dos crimes previstos no **caput** deste artigo é cometido por intermédio de meios de comunicação social ou de publicação de qualquer natureza:

Pena - reclusão, de 2 (dois) a 5 (cinco) anos, e multa.

§ 3º Na hipótese do § 2º deste artigo, o juiz poderá determinar, ouvido o Ministério Público ou a pedido deste, ainda antes do inquérito policial, sob pena de desobediência:

I - recolhimento ou busca e apreensão dos exemplares do material discriminatório;

II - interdição das respectivas mensagens ou páginas de informação na internet.

§ 4º Na hipótese do § 2º deste artigo, constitui efeito da condenação, após o trânsito em julgado da decisão, a destruição do material apreendido.

Há de convir que o legislador não iria se preocupar em criminalizar uma conduta que não fizesse parte da realidade social do país. Ou seja, observando a forma do processo legislativo brasileiro (sistema bicameral etc.) e tudo que ele envolve, é evidente que o fato de ter sido a discriminação contra pessoa com deficiência tipificada como crime significa que essa não é uma atitude incomum em nosso país, pelo contrário.

Interessante, então, trazer a definição da Convenção Internacional sobre os Direitos das Pessoas com Deficiência sobre discriminação, em seu artigo 2:

> *"Discriminação por motivo de deficiência" significa qualquer diferenciação, exclusão ou restrição baseada em deficiência, com o propósito ou efeito de impedir ou impossibilitar o reconhecimento, o desfrute ou o exercício, em igualdade de oportunidades com as demais pessoas, de todos os direitos humanos e liberdades fundamentais nos âmbitos político, econômico, social, cultural, civil ou qualquer outro. Abrange todas as formas de discriminação, inclusive a recusa de adaptação razoável;*

E, nesse mesmo sentido, o conceito trazido na Lei Brasileira de Inclusão, no artigo 4º, § 1º:

> *Considera-se discriminação em razão da deficiência toda forma de distinção, restrição ou exclusão, por ação ou omissão, que tenha o propósito ou o efeito de prejudicar, impedir ou anular o reconhecimento ou o exercício dos direitos e das liberdades fundamentais de pessoa com deficiência, incluindo a recusa de adaptações razoáveis e de fornecimento de tecnologias assistivas.*

Imprescindível essa legislação que reconhece a discriminação em ação e/ou omissão para com as pessoas com deficiência. Além disso, é preciso registrar que a discriminação, o preconceito e a opressão em relação às pessoas com deficiência têm nome: CAPACITISMO.

Para que fique claro, o capacitismo está para as pessoas com deficiência assim como o racismo está para as pessoas negras. As atitudes capacitistas são aquelas que, em razão do preconceito e/ou violência, tentam hierarquizar as pessoas em função da adequação de seus corpos, enxergando os corpos com deficiência como sendo incapazes.

O conceito de capacitismo se pauta na construção social da ideia de um corpo (em tese) "perfeito", denominado como "normal"[5] e da subestimação da capacidade e das aptidões das pessoas em virtude de suas deficiências.

Enxergar e/ou entender a pessoa com deficiência como incapaz significa ser capacitista.

As atitudes capacitistas passam desapercebidas para a maioria das pessoas, pois a ideia de deficiência como sinônimo de incapacidade/impossibilidade é enraizada no imaginário popular. Em 2016, no Dia Internacional da Pessoa com Deficiência (comemorado em 03 de dezembro), um grupo[6] lançou a campanha "#ÉCapacitismoQuando", no intuito de divulgar, esclarecer e assim combater atitudes capacitistas.

Alguns exemplos de ações/frases utilizados nessa campanha para demonstrar falas, pensamentos e atitudes capacitistas são: *"te tratam feito criança devido a sua deficiência, mas você já é adulto"; "você espera que pessoas com deficiência tenham sempre algo nobre a ensinar", "eu tenho que falar mil coisas sobre minha profissão antes de você realmente começar a acreditar que eu trabalho MESMO"; e ainda "quando você diz: eu sou normal!".*

Outro exemplo da lógica capacitista é quando se está diante de alguém que tem deficiência e que conseguiu desenvolver seu potencial e se autodeterminar, atrelar esse sucesso a "um milagre de autossuperação".

---

[5] Na teoria crip (vertente filosófica) sua máxima se sustenta pelo postulado da corponormatividade de nossa estrutura social pouco sensível à diversidade corporal. Cf. MELLO. Disponível em: https://www.scielo.br/scielo.php?script=sci_arttext&pid=S1413-81232016001003265&lng=pt&tlng=pt . Acesso em: 27 jan. 2021.

[6] https://blog.handtalk.me/capacitismo/. Acesso em: 27 jan. 2021.

A empresária Andrea Schwarz, que é cadeirante, em entrevista à *Revista Trip*, deu mais exemplos de capacitismo no seu dia a dia:

> Quando eu faço algo normal – como trabalhar, cuidar da casa ou ser mãe – e sou supervalorizada por isso, o foco está na deficiência, na minha limitação. Quando alguém me chama de especial porque tenho uma deficiência também, assim como quando acham que eu sou uma coitadinha por ter uma deficiência.[7]

Na luta contra o preconceito e discriminação é cotidiano encontrarmos na mídia e nas rodas de conversa os termos "racismo", "machismo" e "homofobia", por exemplo. Todavia, parece que o preconceito e a discriminação sofridos pelas pessoas com deficiência ainda é esquecido e invisível. O capacitismo é comum e rotineiro na vida de quem tem deficiência e precisa ser combatido, tal qual o racismo estrutural[8]. O capacitismo também é estrutural e estruturante em nossa sociedade.

Em outro passo, se fizermos a intersecção entre os grupos minoritários e vulneráveis, ficará evidente a necessidade de políticas públicas que enxerguem a "diferença dentro da diferença" e respeitem essas individualidades. Se a pessoa for mulher, negra e tiver deficiência está fadada a, pelo menos uma vez na vida, passar por situação capacitista,

---

[7] https://revistatrip.uol.com.br/trip/capacitismo-o-que-e-e-porque-e-crime. Acesso em: 10 fev. 2021

[8] Para saber mais sobre racismo estrutural, sugerimos a obra de Silvio Almeida, que faz parte da coleção *Feminismos Plurais*, coordenada por Djamila Ribeiro.

além de enfrentar o racismo e machismo estruturais da sociedade brasileira.

Nas empresas é perceptível o que podemos nominar como capacitismo institucional. Mesmo com a Lei de Cotas, que é um importante instrumento de inclusão, os empregadores ainda têm preconceito em relação ao profissional com deficiência.

Ivan Baron, que tem paralisia cerebral, dá seu testemunho: "Tive poucas experiências profissionais até chegar ao cargo que estou [ocupo] hoje. Percebi que, se não fosse a lei de cotas, o capacitismo institucional seria ainda maior. Quase nenhuma empresa quer nos contratar por conta própria"[9].

Em grande parte, as empresas e empregadores, quando estão diante do profissional com deficiência, enxergam e pensam primeiro na limitação corpórea, sensorial e/ou intelectual do candidato para só depois pensarem na formação, no currículo e no que aquela pessoa tem a oferecer.

Um dia marcante, no início da minha trajetória como Professora Universitária, foi quando, na sala dos professores, no intervalo, enquanto estava a beber minha água, a diretora da faculdade chegou perto de mim, olhou para os meus aparelhos auditivos e perguntou baixinho: "e se um aluno te fizer uma pergunta, o que você faz?". Muito surpresa porque essa pessoa conhecia meu currículo e sabia que eu sempre fui uma das primeiras alunas da turma, quando estudante (ela conhecia meu histórico escolar e a forma de me comunicar, pois foi minha professora), eu disse (quase não acreditando naquela indagação que nitidamente questionava minha CAPACIDADE de ser professora): "Se o aluno me fizer uma pergunta,

---

[9] https://revistatrip.uol.com.br/trip/capacitismo-o-que-e-e-porque-e-crime. Acesso em: 10 fev. 2021.

eu respondo! Respondo se eu tiver o conhecimento para esclarecer, ou informo que vou pesquisar e trago a resposta posteriormente. Se a senhora está querendo saber o que aconteceria se o aluno me dirigir a palavra e eu não conseguir compreender o que ele fala, vou lhe tranquilizar: até hoje isso não aconteceu, mas, em toda primeira aula, combino com as turmas de que se eu não conseguir, de jeito nenhum, ler os lábios deles, peço a gentileza de que escrevam. Façam a pergunta por escrito!". Na época eu era Professora Assistente e uma funcionária do RH, muito minha amiga, contou-me que essa diretora disse, em reunião posterior a esse acontecimento na Sala dos Professores, mesmo depois dessa minha resposta: "Mas como ela [Juliana] vai enfrentar uma sala de aula, com deficiência auditiva?". Nessa instituição não fui, por óbvio, contratada como Professora Titular.

Passados quinze anos desse ocorrido, período em que concluí o Mestrado e o Doutorado em Direito Constitucional, sei que não estou livre de enfrentar novamente esse tipo de situação. Hoje talvez não me perguntem mais tão expressamente, uma vez que nossa trajetória se tornou mais conhecida nos meios acadêmicos, mas sei que no íntimo de alguns coordenadores e diretores ainda surge dúvida quanto à minha capacidade de lecionar, em razão de minha deficiência auditiva.

Em dias atuais tenho consciência do que aconteceu e de que o "defeito" não era meu, mas da diretora e da faculdade que não sabiam lidar com a diferença. No entanto, situações assim, ainda que racionalmente compreendidas, não deixam de ser dolorosas. E essas dores poderiam ser evitadas! Por isso a urgente necessidade de conscientização acerca do tema capacitismo e da familiaridade com a deficiência.

Precisamos lutar para transformação de nossa cultura capacitista e ser agentes propagadores da ideia correta sobre deficiência e sobre quem tem deficiência, **a partir da premissa que deficiência não é sinônimo de incapacidade, mas sim apenas mais uma característica do ser humano.** Ser ANTICAPACITISTA requer, portanto, a incorporação dessa premissa, somada ao entendimento do modelo social da deficiência, como se verá no próximo tópico.

1.3. Caridade, opressão e compaixão: o que isso tem a ver?

Voltemos às duas formas de enxergar a deficiência: modelo médico e modelo social. Essa cultura enraizada de olhar caridoso/assistencialista é fruto da incorporação do modelo médico da deficiência. Explicamos: a deficiência é vista como um "problema" médico do indivíduo, que então passa a ser olhado como necessitado da caridade e da compaixão alheia, pois ele não é um ser "completo" e SEMPRE vai precisar de "ajuda".

Por tudo que já foi dito até aqui, é evidente que essa forma de enxergar gera atitudes capacitistas. Aliás, esse olhar médico/assistencial incentiva/fundamenta o capacitismo.

E, logicamente, isso é opressor!

Todos os corpos são diferentes (quer tenham deficiência ou não) e todos os seres humanos são únicos. Reafirmando mais obviedades: cada pessoa surda é diferente de outra pessoa surda, cada cadeirante tem suas capacidades e limitações personalíssimas, assim como ter cegueira é mais uma das muitas outras características que uma pessoa pode ter (e as deficiências visuais também não são iguais). Então, temos direito de ser quem somos e ninguém deve ser oprimido por causa de seu corpo e/ou de suas próprias diferenças.

Ora, é certo que vez ou outra (ou até cotidianamente) a pessoa com deficiência pode precisar de ajuda, mas isso não significa que em outras tantas oportunidades vá precisar. TODOS precisamos de ajuda em alguma situação. A independência total é utópica... a humanidade é uma rede de interdependência.

Não é possível ainda admitir que se veja a deficiência a partir do viés caritativo/assistencialista! As pessoas com deficiência (assim como todas as outras) precisam ter condições de tomar suas próprias decisões e ter suas vozes ouvidas.

É necessário, então, dar oportunidade de desenvolvimento para utilização de todo seu potencial, visando que a pessoa (com ou sem deficiência) consiga atingir o máximo de sua autodeterminação, de acordo com suas qualidades e caraterísticas próprias.

Perguntamos: o que é ser completo? Existe algum ser humano completo? Entendemos que a incompletude é também característica da nossa humanidade e, mesmo que algumas pessoas sem deficiência não enxerguem assim, TODOS somos incompletos (precisando uns dos outros) e temos limitações (além de capacidades).

Portanto, ao olhar qualquer pessoa, não defina em sua mente se ela é capaz ou não de fazer algo. Você pode se surpreender muito se conseguir ver além dos estereótipos[10] atrelados às pessoas com deficiência.

Seja um ANTICAPACITISTA!

---

[10] Você acha que um cego é capaz de ser fotógrafo profissional? Observe o trabalho brilhante do notável Evgen Bavcar e verá que sim. Isso não significa que todos os cegos tenham essa habilidade artística, pois cada ser humano tem um conjunto único de atributos e possibilidades que lhes permite desenvolver unicamente suas capacidades.

CAPÍTULO 2

Direitos das Pessoas com Deficiência

Não há como falarmos sobre os direitos das pessoas com deficiência sem atrelar a conquista desses direitos aos movimentos de luta e militância por seu reconhecimento[11].

É preciso entender que a cada direito conquistado houve luta, suor e lágrimas para seu reconhecimento e, por isso, não podemos permitir o retrocesso social frente ao que já foi alcançado.

Oportuno notar que, numa perspectiva de modelo social da deficiência, deixa-se de lado a visão assistencialista e o indivíduo com deficiência passa a ser reconhecido como sujeito de direitos e obrigações.

Sem dúvida, como já dissemos, a Constituição Federal de 1988 trouxe um grande avanço e é um marco na proteção das minorias e grupos vulneráveis, dos quais as pessoas com deficiência fazem parte.

É necessário ressaltar que a igualdade é a regra mestra da inclusão.

A Carta Magna assegura em seu art. 5º, *caput*, que "*todos são iguais perante a lei*", assim como outras Constituições no mundo (como, *v.g.*, a da Alemanha, de Portugal, da Espanha, da Itália etc.), consagrando o princípio da igualdade, o qual também é reconhecido como direito humano[12].

A igualdade prevista em nossa Constituição determina, logicamente, a redução das desigualdades. Vale dizer, então, que o Estado tem o dever de agir positivamente no sentido de reduzir as desigualdades sociais.

---

[11] O Memorial da Inclusão (Museu da Inclusão), em São Paulo, é um espaço que conta um pouco dessa história de lutas e conquistas dos movimentos das pessoas com deficiência no Brasil e no mundo e vale a pena ser visitado: Av. Auro Soares de Moura Andrade, 564 - Barra Funda, São Paulo - SP, CEP 01156-001.

[12] Art. 1 da Declaração de Direitos Humanos da ONU 1948: **Artigo 1**. Todos os seres humanos nascem livres e iguais em dignidade e direitos. São dotados de razão e consciência e devem agir em relação uns aos outros com espírito de fraternidade.

Ensina Maria Aparecida Gugel (2006, p. 46):

> O 'direito à igualdade' consigna uma aspiração mais ampla, um valor assegurado pelo Estado, para uma sociedade caracterizada no Preâmbulo da Constituição como fraterna, pluralista e sem preconceitos, fundada na harmonia social e comprometida, na ordem interna e internacional, com a solução pacífica de controvérsias. Esse direito de ser igual necessita alcançar as desigualdades de fato e, para que isso ocorra efetivamente, exige que se concretizem os devidos acertos.

Assim, o princípio da igualdade não pode ser interpretado como um "princípio estático indiferente à eliminação das desigualdades" (CANOTILHO, 1999, p. 338).

A igualdade deve ser analisada enquanto inserida numa sistemática constitucional, buscando o ideal de uma sociedade livre, justa e solidária. Então, quando a Constituição afirma no *caput* do art. 5º que *"todos são iguais perante a lei"*, essa norma não está sozinha, ela é um complemento dos objetivos fundamentais da República, em consonância com o restante do sistema normativo estabelecido pela Lei Maior.

Portanto, embora este não seja o espaço para aprofundarmos a diferenciação entre igualdade formal e igualdade material (ou substancial), registre-se que quando falamos que a igualdade é a regra mestra da inclusão, estamos tratando de igualdade material, objetivando chegar numa igualdade real.

Aqui cabe a lição de Celso Bastos (2001, p. 187): a "igualdade substancial postula o tratamento uniforme de todos os homens. Não se trata, como se vê, de um tratamento igual perante o direito, mas de uma igualdade real e efetiva perante os bens da vida".

A igualdade material admite a discriminação legítima e reconhece a necessidade de tratamento diferenciado àqueles grupos ou pessoas que estão em desvantagem em razão de circunstâncias específicas.

Luiz Alberto David Araujo (2000, p. 74) diz que "[...] a igualdade material vem determinada por uma série de providências impostas ao Estado ou direitos reconhecidos aos indivíduos para que, de alguma forma, superem uma dificuldade que apresentariam". A própria Constituição garante algumas situações de tratamento diferenciado para atingimento da efetiva **igualdade de oportunidades** (por exemplo quando prevê a reserva de vagas em concursos públicos para pessoas com deficiência, no art. 37, VIII).

Importa ressaltar a definição aristotélica, na qual *a igualdade consiste em tratar igualmente os iguais e desigualmente os desiguais*. Logo, claro está que o princípio da igualdade não proíbe de modo absoluto tratamentos diferenciados; o que veda tal princípio são diferenciações arbitrárias, injustificadas, infundadas (é preciso estar atento ao *discrimen*[13], o qual se impõe estar obrigatoriamente em consonância com a Constituição, devendo haver uma correlação lógica entre esse fator discriminatório e a desequiparação protegida). Então, quando a Constituição permite um tratamento diferenciado, tem como objetivo atingir uma igualdade real.

É certo que em algumas situações as pessoas com deficiência devem ter garantido tratamento diferenciado para que se igualem as oportunidades. No entanto, que fique

---

[13] Fator discriminatório.

claro, não se busca com a inclusão privilégios, mas **o direito ao reconhecimento de igual dignidade e oportunidades**.

Enfim, a igualdade buscada pelo ser humano é relacionada ao reconhecimento do seu valor como pessoa humana (ou seja, todas as pessoas têm igual valor). Frisa-se: o que deve ser considerado igual é o valor de cada pessoa humana e não suas características, que são naturalmente individualizadas (é o que chamamos de "ética da diversidade" (WERNECK, 2003, p. 29)).

Aliás, é do próprio direito à igualdade previsto na Constituição Federal que advém o direito fundamental à diferença (PIOVESAN, 2003, p. 252)[14], afinal, temos direito de ser considerados únicos em nossas características, como desdobramento dessa igualdade de dignidade.

Vamos, agora, acompanhar e registrar um pouco dos direitos em vigor no Brasil, à luz da vontade constitucional de uma sociedade igualitária, livre, justa e solidária, sem preconceitos ou discriminações, ante a iminente onda de retrocesso em relação aos direitos humanos que a atualidade testemunha.

2.1. Breve síntese dos direitos em vigor no Brasil

Ao observar a História das pessoas com deficiência no Brasil[15], impossível deixar de notar que é também uma

---

[14] Para Flávia Piovesan:
[...] as mulheres, as crianças, a população afrodescendente, os migrantes, as pessoas portadoras de deficiência, dentre outras categorias vulneráveis devem ser vistas nas especificidades e peculiaridades de sua condição social. Ao lado do direito à igualdade, surge, também, como direito fundamental, o direito à diferença. Importa o respeito à diferença e à diversidade, o que lhes assegura um tratamento especial.

[15] Para saber mais: **Caminhando em silêncio – As pessoas com deficiência na História do Brasil** (FIGUEIRA, Emílio. 4. ed. rev, e ampl. Joinvile: Clube de Autores, 2020).

História de exclusão. Mas, a partir da Constituição Federal de 1988, podemos dizer que o Brasil avança na tentativa de construção de uma sociedade inclusiva.

Daí há uma mudança no ordenamento jurídico brasileiro e o incentivo a um novo olhar acerca das minorias e grupos vulneráveis, fruto da conscientização e luta no processo de redemocratização do país.

Então, passados mais de trinta anos da promulgação de nossa Lei Maior e considerando toda produção legislativa infraconstitucional nesse período, o Brasil apresenta hoje, como já fora dito, uma das legislações mais avançadas do mundo no que tange à proteção e direitos das pessoas com deficiência.

Merece destaque, portanto, a incorporação em nosso ordenamento da Convenção Internacional sobre os Direitos das Pessoas com Deficiência e, posteriormente, a Lei Brasileira de Inclusão das Pessoas com Deficiência, as quais analisaremos a seguir.

2.1.1. *A Convenção Internacional sobre os Direitos das Pessoas com Deficiência e a Lei Brasileira de Inclusão*

No âmbito do sistema global de proteção aos direitos humanos, a Convenção Internacional sobre os Direitos da Pessoa com Deficiência foi aprovada pela 61ª Assembleia Geral da ONU, em dezembro de 2006. Tanto a Convenção quanto seu respectivo Protocolo Facultativo foram assinados e depositados pelo Brasil (que incorporou esse documento através do Decreto Legislativo nº 186/2008, com *equivalência de norma constitucional*).

É importante notar que essa Convenção é responsável por uma reforma constitucional no que tange às pessoas com deficiência e sua inclusão. Há uma mudança paradigmática em especial na identificação da pessoa com deficiência.

Esse tratado de direitos humanos foi incorporado em nosso ordenamento jurídico de acordo com o quórum qualificado do art. 5º, § 3º da Constituição Federal, o que lhe garante equivalência de norma constitucional.

Em outras palavras, se a Constituição é nossa Lei Maior e todas as demais normas do ordenamento jurídico têm de estar de acordo com ela para serem válidas, logo, como o disposto na Convenção Internacional sobre os Direitos das Pessoas com Deficiência tem o mesmo valor normativo que o texto constitucional, toda legislação infraconstitucional tem de ir ao encontro das normas desse Documento.

Dentre os ganhos e mudanças trazidos pela internalização desse Tratado, já destacamos em momento anterior a significativa alteração no conceito de pessoa com deficiência e a mudança de paradigma do modelo médico para o modelo social. Nas palavras de Ricardo Tadeu Marques da Fonseca[16]

> *O cerne da reforma trazida pela mencionada ratificação reside na opção social e política do conceito de pessoa com deficiência adotado pelos Estados partes do Tratado, de modo a produzir uma virada paradigmática em face das Constituições e legislações ordinárias anteriores ao referido*

---

[16] FONSECA, Ricardo Tadeu Marques da. **A reforma constitucional empreendida pela ratificação da Convenção sobre os Direitos da Pessoa com Deficiência aprovada pela Organização das Nações Unidas.** Disponível em: file:///C:/Users/usuario/Documents/ARTIGOS%202020/Livro%20Alvaro/a_reforma_constitucional_empreendida_pela_ratificacao_da_convencao_sobre_os_direitos_da_pessoa_com_deficiencia_aprovada_pela_organizacao_das_nacoes_unidas.pdf . Acesso em: 15 jan. 2021.

conceito. Outrora as pessoas com deficiência eram definidas a partir do viés clínico, que enaltecia a incapacidade para que realizassem os atos normais da vida, o que implicava, via de regra, políticas de *apartheid*, eis que eram essas pessoas destinatárias de asilamento caritativo, assistencialismo demagógico e alguma atenção, quase sempre falha, no âmbito da saúde pública. *A partir do novo conceito é possível afirmar-se que os impedimentos físicos, mentais, sensoriais, intelectuais são atributos das pessoas com deficiência, que, no entanto, dependendo da ocorrência de barreiras tecnológicas, culturais, científicas, entre outras, findam por não participar da sociedade, tampouco logram vivenciar direitos mínimos inerentes à cidadania. (grifos nossos)*

O Brasil teve participação ativa na elaboração desse Tratado e, num belo trabalho dialógico de diplomatas do mundo todo (Comitê *ad hoc* formado por 192 países-membros), organizações não governamentais e das próprias pessoas com deficiência, em tempo recorde foi aprovado na ONU.

Mais uma vez merece destaque o *"Nothing about us whithout us"* ("nada sobre nós sem nós"): 71% do texto da Convenção foi efetivamente escrito a partir das contribuições trazidas pelos cidadãos com deficiência[17].

Além de diretrizes específicas, o texto da Convenção traz princípios que devem nortear as políticas de inclusão e a construção de uma sociedade para TODOS.

---

[17] *Idem.*

O Tratado também reconhece a hipervulnerabilidade de mulheres e crianças com deficiência e se preocupa com as discriminações interseccionais, considerando raça, sexo, religião entre outras.

Oportuno dizer que o propósito da Convenção, conforme o disposto em seu artigo 1, é promover, proteger e assegurar o exercício pleno e equitativo de todos os direitos humanos e liberdades fundamentais por todas as pessoas com deficiência e promover o respeito pela sua dignidade inerente.

O texto convencional também traz uma série de definições e expressões que permeiam o dia a dia de quem tem deficiência e que precisam ser conhecidos por todas as pessoas. Os compromissos assumidos pelos países signatários (dentre os quais o Brasil) são sérios e, se cumpridos, trarão uma verdadeira revolução-evolução social e serão responsáveis pela efetivação de uma sociedade mais justa e solidária.

Porém, para serem colocados em prática, os dispositivos da Convenção Internacional sobre os Direitos das Pessoas com Deficiência, em sua maioria, precisavam ser regulamentados. Daí outro grande avanço da legislação brasileira, com a promulgação da Lei Brasileira de Inclusão da Pessoa com Deficiência (nº 13.146/2015 – também conhecida como LBI).

O texto dessa lei tem como base a Convenção Internacional em comento e trouxe para o ordenamento jurídico brasileiro mais que uma compilação normativa acerca dos direitos das pessoas com deficiência, pois, além disso, tentou trazer harmonização entre as leis existentes e a previsão da Convenção.

A LBI garantiu a quem tem deficiência, por exemplo, o direito de casar, constituir união estável, exercer seus direitos sexuais e reprodutivos em igualdade de condições com as demais pessoas.

Indo ao encontro do artigo 24 da Convenção, a LBI também assegurou a oferta de ensino inclusivo em todos os níveis, bem como proibiu as escolas particulares de cobrarem valores adicionais pelos serviços de atendimento educacional especializado e/ou fornecimento de profissionais de apoio.

A Lei Brasileira de Inclusão da Pessoa com Deficiência previu o atendimento prioritário aos que têm deficiência, criou o benefício do auxílio-inclusão e instituiu como crimes atitudes discriminatórias, de exclusão e abandono em relação às pessoas com deficiência.

Além de tratar pormenorizadamente sobre acessibilidade, a LBI incluiu o desrespeito a essas normas como causa de improbidade administrativa, tentando assim incentivar/forçar o administrador público a respeitar essa legislação. Sem uma medida realmente coercitiva, os administradores públicos brasileiros aparentemente não deram a devida atenção que o assunto merecia, motivo pelo qual mais aplausos merece esse novo texto legal.

Tanto a Convenção Internacional sobre os Direitos das Pessoas com Deficiência quanto a Lei Brasileira de inclusão têm como seu objetivo maior a garantia de respeito e reconhecimento da dignidade e do valor inerentes às pessoas com deficiência, bem como dos direitos iguais e inalienáveis de todos os membros da família humana como o fundamento da liberdade, da justiça e da paz no mundo. Por isso, passamos agora a tratar da dignidade humana da pessoa com deficiência e do seu direito de não ser visto como menos valoroso, menos capaz, menos digno, enfim, menos humano.

2.1.2. Dignidade humana e o direito de não ser visto como "menos"

Todos os seres humanos têm igual dignidade e esse reconhecimento implica na valorização da diversidade. Por mais evidente que isso seja, as pessoas com deficiência convivem com situações que põem à prova o respeito que a sociedade tem em relação à sua dignidade.

Certo é afirmar que a dignidade da pessoa humana está no núcleo dos direitos fundamentais, é o pressuposto da ideia de justiça humana (ROCHA, 2000, p. 69-92) e é inerente à vida humana, independentemente de merecimento pessoal ou social. Logo, a dignidade advém do simples fato de ser humano.

Portanto, não se pode esquecer que o "respeitar à dignidade da pessoa humana" se desdobra na proteção à integridade física e moral, à individualidade, à espiritualidade e a tudo que se refira ao "ser" do indivíduo humano. Ou seja, não discriminar e não ter preconceitos também são expressões do respeito a essa dignidade.

A partir do reconhecimento e positivação do princípio da dignidade da pessoa humana não se pode admitir qualquer hipótese de "coisificar" o ser humano. As coisas têm preço enquanto as pessoas têm dignidade, é a preciosa lição de Kant (2005, p. 77-78).

A dignidade da pessoa humana foi reconhecida como fundamento de nosso Estado Democrático de Direito pela Constituição Federal (art. 1º, III) e, como já foi dito, em nosso sistema jurídico essa dignidade está no núcleo essencial dos direitos fundamentais e dela se pode extrair a tutela do mínimo existencial e da personalidade humana (BARROSO, 2010, p. 254).

A dignidade da pessoa humana foi posta pelo constituinte brasileiro como elemento sustentador no qual se apoia todo o restante do sistema (LORA ALARCÓN, 2004, p. 253). Em suma, é "um valor de pré-compreensão de todo arcabouço jurídico do Estado brasileiro" (*Idem*, 2003, p. 450).

As pessoas com deficiência são um grupo que historicamente tem sofrido com a exclusão e a negação (por ação e/ou omissão) de sua dignidade.

Não é por outra razão que a Convenção Internacional sobre os Direitos das Pessoas com Deficiência[18], desde o

---

[18] Preâmbulo
Os Estados Partes da presente Convenção,
a) *Relembrando* os princípios consagrados na Carta das Nações Unidas, que reconhecem a dignidade e o valor inerentes e os direitos iguais e inalienáveis de todos os membros da família humana como o fundamento da liberdade, da justiça e da paz no mundo,
[...]
h) *Reconhecendo* também que a discriminação contra qualquer pessoa, por motivo de deficiência, configura violação da dignidade e do valor inerentes ao ser humano;
[...]
Artigo 1
Propósito
O propósito da presente Convenção é promover, proteger e assegurar o exercício pleno e equitativo de todos os direitos humanos e liberdades fundamentais por todas as pessoas com deficiência e promover o respeito pela sua dignidade inerente.
[...]
Artigo 3
Princípios gerais
Os princípios da presente Convenção são:
a) O respeito pela dignidade inerente, a autonomia individual, inclusive a liberdade de fazer as próprias escolhas, e a independência das pessoas;
[...]
Artigo 8
Conscientização
1.Os Estados Partes se comprometem a adotar medidas imediatas, efetivas e apropriadas para:
a) Conscientizar toda a sociedade, inclusive as famílias, sobre as condições das pessoas com deficiência e fomentar o respeito pelos direitos e pela dignidade das pessoas com deficiência; [...]

Artigo 16
Prevenção contra a exploração, a violência e o abuso
[...]
4.Os Estados Partes tomarão todas as medidas apropriadas para promover a recuperação física, cognitiva e psicológica, inclusive mediante

seu preâmbulo, e a Lei Brasileira de Inclusão da Pessoa com Deficiência[19] expressam e reafirmam a necessidade de respeito e proteção à dignidade de quem tem deficiência. Em Roma houve época em que abandonar recém-nascidos com deficiência era prática autorizada legalmente; em

---

a provisão de serviços de proteção, a reabilitação e a reinserção social de pessoas com deficiência que forem vítimas de qualquer forma de exploração, violência ou abuso. Tais recuperação e reinserção ocorrerão em ambientes que promovam a saúde, o bem-estar, o autorrespeito, a dignidade e a autonomia da pessoa e levem em consideração as necessidades de gênero e idade.
[...]
Artigo 24
Educação
1.Os Estados Partes reconhecem o direito das pessoas com deficiência à educação. Para efetivar esse direito sem discriminação e com base na igualdade de oportunidades, os Estados Partes assegurarão sistema educacional inclusivo em todos os níveis, bem como o aprendizado ao longo de toda a vida, com os seguintes objetivos:
a) O pleno desenvolvimento do potencial humano e do senso de dignidade e autoestima, além do fortalecimento do respeito pelos direitos humanos, pelas liberdades fundamentais e pela diversidade humana;
[...]
Artigo 25
Saúde
Os Estados Partes reconhecem que as pessoas com deficiência têm o direito de gozar do estado de saúde mais elevado possível, sem discriminação baseada na deficiência. Os Estados Partes tomarão todas as medidas apropriadas para assegurar às pessoas com deficiência o acesso a serviços de saúde, incluindo os serviços de reabilitação, que levarão em conta as especificidades de gênero. Em especial, os Estados Partes:
[...]
d) Exigirão dos profissionais de saúde que dispensem às pessoas com deficiência a mesma qualidade de serviços dispensada às demais pessoas e, principalmente, que obtenham o consentimento livre e esclarecido das pessoas com deficiência concernentes. Para esse fim, os Estados Partes realizarão atividades de formação e definirão regras éticas para os setores de saúde público e privado, de modo a conscientizar os profissionais de saúde acerca dos direitos humanos, da dignidade, autonomia e das necessidades das pessoas com deficiência;
[...]

[19] Art. 8º É dever do Estado, da sociedade e da família assegurar à pessoa com deficiência, com prioridade, a efetivação dos direitos referentes à vida, à saúde, à sexualidade, à paternidade e à maternidade, à alimentação, à habitação, à educação, à profissionalização, ao trabalho, à previdência social, à habilitação e à reabilitação, ao transporte, à acessibilidade, à cultura, ao desporto, ao turismo, ao lazer, à informação, à comunicação,

Esparta e Atenas havia autorização legal para o assassinato daqueles que apresentassem deficiência. Queiroz Assis e Lafayette Pozzoli (2005, p. 63) registram que "as leis antigas demonstram que a ação dos governos em relação às pessoas portadoras de deficiência articulava-se na linha da política de extermínio" (*Id., ibid.*). No mesmo passo, a Lei das XII Tábuas determinava a morte dos "filhos defeituosos" e no Código de Manu também havia regras de exclusão dos que tinham deficiência como, por exemplo, em relação à sucessão (*Idem*, p. 67).

Embora com o passar do tempo essas práticas afrontosas à integridade física e à vida das pessoas com deficiência (e, por conseguinte, à sua dignidade humana) em tese não aconteçam mais, a pessoa com deficiência ainda hoje é alvo de preconceito e discriminação, razão pela qual é pertinente e necessária a continuação da luta pelo respeito à sua dignidade.

O ser humano, como ser social, também exercita sua dignidade humana através de seus relacionamentos com

---

aos avanços científicos e tecnológicos, **à dignidade**, ao respeito, à liberdade, à convivência familiar e comunitária, entre outros decorrentes da Constituição Federal, da Convenção sobre os Direitos das Pessoas com Deficiência e seu Protocolo Facultativo e das leis e de outras normas que garantam seu bem-estar pessoal, social e econômico.
Art. 10. Compete ao poder público garantir a dignidade da pessoa com deficiência ao longo de toda a vida.
[...]
Art. 18. É assegurada atenção integral à saúde da pessoa com deficiência em todos os níveis de complexidade, por intermédio do SUS, garantido acesso universal e igualitário.
§ 1º É assegurada a participação da pessoa com deficiência na elaboração das políticas de saúde a ela destinadas.
§ 2º É assegurado atendimento segundo normas éticas e técnicas, que regulamentarão a atuação dos profissionais de saúde e contemplarão aspectos relacionados aos direitos e às especificidades da pessoa com deficiência, incluindo temas como sua **dignidade** e autonomia.
[...]

outros indivíduos. Daí a importância da inclusão das pessoas com deficiência na comunidade.

Interessante, ainda, notar que a Convenção Internacional dos Direitos da Pessoa com Deficiência traz como princípios que a norteiam (de acordo com seu Artigo 3): **respeito da dignidade inerente**, pela autonomia individual, incluída a liberdade de tomar as próprias decisões e sua independência; **não discriminação**; plena e efetiva participação e inclusão na sociedade; **respeito pela diferença e aceitação das pessoas com deficiência como parte da diversidade e da condição humana**; igualdade de oportunidades; **acessibilidade**; igualdade entre o homem e a mulher e respeito pelas capacidades em desenvolvimento de crianças com deficiência e respeito pelo seu direito a preservar sua identidade.

No dizer de Sidney Madruga (2013, p. 111) "um componente da dignidade humana que se encontra relacionado com a deficiência é a autonomia, que pode ser entendida como um espaço próprio, irrestrito, de eleição livre e pessoal do ser humano". Todavia, não há como pensar em autonomia se houver barreiras estruturais impostas a quem tem deficiência, que impedem tais pessoas de serem incluídas ou ascenderem em diversos aspectos da vida social (e essas barreiras não são apenas físicas, como é possível se verificar no mini glossário ao final desta obra). Dessa forma, resta evidente que para que a autonomia seja colocada em prática é imprescindível que haja acessibilidade (em todas as suas derivações, como por exemplo acessibilidade atitudinal). Então, diante dessa circularidade de ações e conceitos interligados, é imperativo concluir que a dignidade da pessoa com deficiência só será plenamente respeitada quando efetivamente construirmos uma sociedade inclusiva, uma sociedade onde TODOS caibam.

Assim, claro está que o princípio da dignidade humana "representa a superação da intolerância, da discriminação, da exclusão social, da violência, da incapacidade de aceitar o outro, o diferente, na plenitude de sua liberdade de ser, pensar e criar" (BARROSO, 2010, p. 252). Portanto, inclusão e acessibilidade também significam prestígio e respeito à dignidade humana.

Por tudo isso, destacamos o disposto na alínea "h" do preâmbulo da Convenção, que reconhece que **a discriminação contra qualquer pessoa, por motivo de deficiência, configura violação da dignidade e do valor inerentes ao ser humano**.

Dizemos, uma vez mais, que a dignidade advém do simples fato de fazermos parte da espécie humana e, por isso, todas as pessoas têm igual dignidade.

Ou seja: **as pessoas com deficiência têm direito de não serem vistas como "menos", pois têm igual valor e igual dignidade!**

É preciso tirar essa afirmação do papel e trazer essa prática ao nosso dia a dia: ao olhar para alguém que tem deficiência, não sinta pena, não imagine que essa pessoa é MENOS que você. A limitação dela pode ser mais visível que a sua, mas, talvez, as capacidades dela podem até superar as que você possui. Ninguém tem direito de limitar/determinar até onde o outro ser humano pode chegar, então, precisamos treinar nosso olhar/pensar preconceituoso e estereotipado quando estamos diante de alguém diferente de nós.

Agora é oportuno refletirmos a respeito do porquê não tratarmos a deficiência com naturalidade. Por que, apesar da boa vontade comum na maioria dos brasileiros, quando estão diante de alguém com deficiência não sabem como agir e/ou ficam desconfortáveis? Por que é comum pensar que a pessoa com deficiência está SEMPRE precisando de ajuda? E, ainda assim, não perguntar (sem inibição ou vergonha): "você precisa de ajuda? Como eu posso te ajudar?".

Essas e outras perguntas são respondidas pela realidade de não termos convivido, na mais tenra idade, com pessoas com deficiência. A escola, portanto, tem um papel fundamental para transformação social necessária e construção de uma sociedade para TODOS. Então, no próximo tópico, iremos tratar mais detalhadamente sobre o assunto.

Dignidade humana e inclusão social são duas faces da mesma moeda.

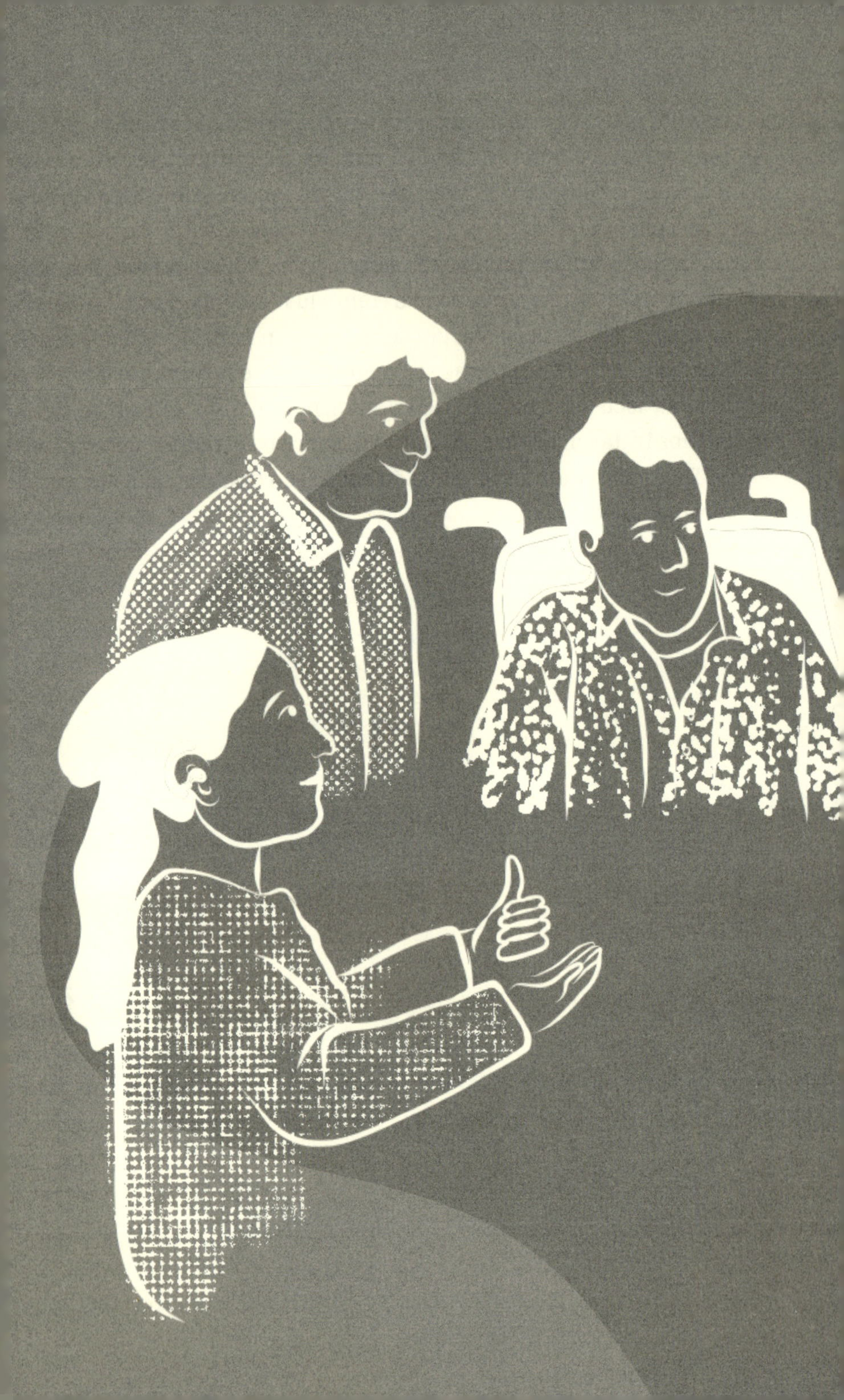

CAPÍTULO 3

Educação Inclusiva como direito de todos

Em primeiro lugar é preciso esclarecer que este tópico trata de educação escolar. É lógico que não desconsideramos a importância da educação familiar, no entanto, nosso objetivo é refletir sobre o papel da escola enquanto catalizadora de transformação social.

Pense comigo: para que serve a escola? Qual é o objetivo da educação escolar?

Podemos começar nossa resposta a partir do texto do art. 205 da Constituição Federal, que diz:

> Art. 205. A educação, direito de todos e dever do Estado e da família, será promovida e incentivada com a colaboração da sociedade, **visando ao pleno desenvolvimento da pessoa, seu preparo para o exercício da cidadania e sua qualificação para o trabalho**. *(grifamos)*

Segundo a Lei Maior, então, os objetivos da educação escolar são três: pleno desenvolvimento da pessoa; seu preparo para o exercício da cidadania; e, por fim, sua qualificação para o trabalho.

Assim, observemos que para muito além de seu aspecto cognitivo e da inserção no mercado de trabalho, a escola tem um papel fundamental no que diz respeito ao desenvolvimento enquanto ser humano (percebendo e reconhecendo sua humanidade através do outro, inclusive) e sua preparação para o exercício da cidadania (que pressupõe a consciência de direitos e deveres).

Estudiosos da área do saber já disseram que quatro são os pilares que sustentam a educação, de acordo com o Relatório para UNESCO da Comissão Internacional sobre Educação para o Século XXI – *Um tesouro a descobrir* (DELORS,

1996): **aprender a conhecer; aprender a fazer; aprender a conviver; e aprender a ser.**

O Relatório Delors ainda explica o que significa cada um desses pilares (*Id., ibid.*):

- Aprender a conhecer, combinando uma cultura geral, suficientemente ampla, com a possibilidade de estudar, em profundidade, um número reduzido de assuntos, ou seja: aprender a aprender, para beneficiar-se das oportunidades oferecidas pela educação ao longo da vida.

- Aprender a fazer, a fim de adquirir não só uma qualificação profissional, mas, de uma maneira mais abrangente, a competência que torna a pessoa apta a enfrentar numerosas situações e a trabalhar em equipe. Além disso, aprender a fazer no âmbito das diversas experiências sociais ou de trabalho, oferecidas aos jovens e adolescentes, seja espontaneamente na sequência do contexto local ou nacional, seja formalmente, graças ao desenvolvimento do ensino alternado com o trabalho.

- Aprender a conviver, desenvolvendo a compreensão do outro e a percepção das interdependências – realizar projetos comuns e preparar-se para gerenciar conflitos – no respeito pelos valores do pluralismo, da compreensão mútua e da paz.

- Aprender a ser, para desenvolver, o melhor possível, a personalidade e estar em condições de agir com uma capacidade cada vez maior de autonomia, discernimento e responsabilidade pessoal. Com essa finalidade, a educação deve levar em consideração todas as potencialidades de cada indivíduo: memória, raciocínio, sentido estético, capacidades físicas, aptidão para comunicar-se.

No momento em que os sistemas educacionais formais tendem a privilegiar o acesso ao conhecimento, em detrimento das outras formas de aprendizagem, é mister conceber a educação como um todo. Essa perspectiva deve no futuro inspirar e orientar as reformas educacionais, seja na elaboração dos programas ou na definição de novas políticas pedagógicas.

Nosso destaque vai para os pilares "aprender a conviver" e "aprender a ser", pois entendemos que somente uma escola inclusiva pode propiciar adequadamente esses dois pilares fundamentais da educação. Alunos com e sem deficiência só podem se desenvolver plenamente como pessoas se conviverem com a diversidade (GENTE é diferente por natureza! A escola que não está preparada para receber a diferença não é capaz de educar e desenvolver essa humanidade em sua plenitude).

Dissemos em outra oportunidade (SEGALLA, 2013) que a educação inclusiva é um direito de TODOS (alunos com e sem deficiência) e é a partir dessa perspectiva que escrevemos aqui, afinal, nós só aprendemos a conviver com a diferença, num contexto de naturalidade, CONVIVENDO. E, como visto, aprender a conviver é um dos pilares da Educação.

Voltemos às reflexões que propusemos no capítulo anterior: Por que, quando estamos diante de uma pessoa com deficiência, muitas vezes nós não sabemos como agir (e/ou sentimos até um certo desconforto)? Por que, apesar de boa vontade, há pessoas que cometem enganos na hora de se relacionar com outra que tem deficiência?

A resposta está na falta de oportunidades de convivermos com indivíduos com deficiência (sobretudo na escola), quando éramos ainda crianças. Não aprendemos a ser porque não aprendemos a conviver... Vejam como os pilares da educação são todos fundamentais e a falta de atenção a um deles prejudica o desenvolvimento dos demais.

Pense em quantos colegas com deficiência você teve. Eu não tive nenhum durante toda a educação básica! Sabe por quê? Embora as pessoas com deficiência existissem sim desde sempre, havia o que chamamos de ciclo da invisibilidade da deficiência. Tais pessoas eram "invisíveis" e ficavam, em sua maioria, "guardadas" em casa (na tentativa de serem "protegidas" do mundo, porque eram vistas como "problema" exclusivamente de suas famílias). Depois de muita luta dos movimentos de pessoas com deficiência é que essa realidade começou a ser alterada. E a Constituição Federal de 1988 foi um grande catalizador nesse processo.

Para tratar a deficiência com naturalidade é preciso que desde a mais tenra idade crianças diferentes estejam juntas, num ambiente acolhedor. A infância é curiosa, é a época de descobrir o mundo desconhecido e se os pequenos perceberem desde cedo que nesse espaço cabem pessoas diferentes, fica muito mais fácil a convivência com qualquer tipo de situação na fase adulta, quando já estamos moldados e o mundo (aparentemente) já está descoberto.

A criança não tem preconceitos (ela aprende preconceitos com os adultos que convive).

Neste sentido, registramos o ensinamento de Luiz Alberto David Araujo (2007, p. 46-47):

> Nós (pessoas não-portadoras de deficiência) também temos o direito de poder conviver com gente diferente, com problemas diferentes, para aprendermos a ser mais tolerantes; saber como nos comportar diante das diferenças; saber que elas são superáveis a partir de uma vivência afetiva e conjunta. Com um ensino segregado, tal direito nos foi (a nós, a maioria) retirado e fomos impedidos de conviver com colegas de classe cegos, surdos, com deficiência mental leve, etc. E a falta desse convívio hoje se revela quando encontramos alguém em cadeira de rodas, por exemplo, e não sabemos muito bem como nos comportar, o que podemos fazer para ajudar, se é que eles precisam de ajuda. É a falta dessa educação inclusiva que nos faz achar sempre que a pessoa portadora de deficiência precisa de ajuda [...].

É urgente uma educação mais humanizadora. A escola tem o dever de formar GENTE[20] e não apenas transmitir conhecimentos (aliás, essa é a determinação constitucional e a orientação de documentos e organismos internacionais). "É mais importante educar que instruir; formar

---

[20] "Somente pela educação poderíamos produzir o homem racional, o homem independente, o homem democrático.", ensina Anísio Teixeira (TEIXEIRA, 2004, p. 31).

pessoas que profissionais; ensinar a mudar o mundo que a ascender à elite"[21].

A escola não deve preparar apenas alguns alunos para o futuro, mas sim uma geração para o futuro. E nessa geração estão pessoas com e sem deficiência, que têm o direito de se desenvolver plenamente e serem preparadas para exercer sua cidadania (cientes tanto de seus direitos quanto de seus deveres).

Como bem observou Pietro de Jesus Lora Alarcón (2011, p. 43), o progresso moral, intelectual ou econômico do ser humano "decorre da contínua aproximação a seus semelhantes".

Voltando à diretriz constitucional (pois é a partir da Lei Maior que está determinada qual é a educação a que temos direito), no art. 208, III e V, está disposto que o dever do Estado com a educação será efetivado mediante a garantia de atendimento educacional especializado a quem tem deficiência, preferencialmente na rede regular de ensino e acesso aos níveis mais elevados do ensino, da pesquisa e da criação artística, **segundo a capacidade de cada um**. Frise-se que o atendimento especializado previsto pelo Constituinte não pode ser entendido como "separação do ambiente escolar comum", ao contrário, significa um *"plus"*, um adicional curricular além do que é oferecido a todos os alunos. Explica-nos Eugênia Augusta Gonzaga (2004):

> *Alguns precisam, sim, de atendimento especializado; no entanto,* **esse atendimento não significa restrição ao mesmo ambiente que os demais educandos,** *ao contrário, esse atendimento deve*

---

[21] BETTO, Frei. A escola dos meus sonhos. Sua Escola a 2000 por hora. **Instituto Ayrton Senna**, São Paulo. Disponível em: http://www.escola2000.org.br/pesquise/texto/textos_art.aspx?id=10. Acesso em: 10 jan. 2008.

ser bem definido e funcionar como um currículo à parte, oferecendo subsídios para que os alunos possam aprender conteúdos específicos a cada deficiência, concomitantemente ao ensino comum.

[...]

Insistimos: a garantia de atendimento especializado não pode subtrair o direito de acesso ao mesmo ambiente que os demais educandos. *(FÁVERO, 2004, p. 55 e 65) (grifos nossos)*

Importante notar que a Constituição fala em "atendimento educacional especializado" e **não em Educação Especial**. Ou seja, pela norma constitucional **não é admissível o ensino segregado**. Além disso, a partir da incorporação em nosso ordenamento jurídico da Convenção Internacional sobre os Direitos das Pessoas com Deficiência, não há dúvida que educação especial e ensino segregado não são mais possíveis, conforme se observa em seu artigo 24.

É preciso, no entanto, ficar claro que não negamos a importância das instituições, que tiveram um papel fundamental na educação das pessoas com deficiência, quando ninguém queria saber de educá-las, mas o papel delas evoluiu, mudou. Agora a instituição deve dar suporte, ensinar à escola comum a receber todos os alunos e ajudá-la no trabalho com a diferença. Como o ensino em segregação não é mais possível, o que se tem é a necessidade de reestruturação de papéis: as instituições especializadas (que têm tanta experiência no assunto)[22],

---

[22] Nesse sentido, afirma Ricardo Tadeu Marques da Fonseca: "As escolas especiais traduziram-se em conquistas importantes, pois, quando foram criadas significaram um instrumento relevante de aproximação social das pessoas com deficiência, eis que se desenvolveram métodos para o ensino de cegos, surdos, deficientes mentais, surdocegos, os quais

ao invés de oferecer ensino segregado, devem destinar-se a oferecer um conjunto de instrumentos e recursos auxiliares e **complementares** à educação formal de pessoas com deficiência (que deve ser oferecida pela rede regular), servindo inclusive para capacitação de pais e profissionais. "O atendimento especializado serve de apoio e subsídio para o [ensino] regular, mas não o substitui. **E a criança tem direito aos dois**", afirma Adriana Perri (2005/2006, p. 40-43).

A melhor leitura da Lei de Diretrizes e Bases da Educação Nacional (Lei nº 9.394, de 20 de dezembro de 1996), especificamente em relação aos arts. 58 a 60, deve interpretar a expressão "Educação Especial" **conforme** a Constituição (e conforme o art. 24 da Convenção Internacional sobre os Direitos das Pessoas com Deficiência), ou seja, deve ser entendida como "atendimento educacional especializado". Veja-se que, por impropriedade técnica, o legislador ordinário substituiu a expressão utilizada na Constituição "atendimento educacional especializado" por "educação especial". No entanto, o que deve prevalecer é o intuito constitucional de proteção e garantia do direito à educação das pessoas com deficiência, em detrimento da terminologia equivocada.

---

necessitavam de linguagens especiais e metodologia própria para a absorção de conceitos abstratos ou de conhecimentos cuja apreensão se faz, via de regra, visualmente.
A marcha em direção ao centro da vida social, no entanto, necessita avançar, pois, tal como se dá com as oficinas protegidas de trabalho, a escola especial para cegos, para surdos ou para deficientes mentais acaba se tornando um 'gueto' que pode trazer conquistas, mas também pode afastar do convívio coletivo os alunos que ali se matriculam. [...]
As experiências bem-sucedidas demonstram que, nas salas de aula, o contato com as crianças com deficiências tem sido um aprendizado fundamental para as crianças em geral, que assimilam naturalmente a idéia de aceitação da diversidade" (**A reforma**..., cit., p. 251-252).

Apesar do equívoco de terminologia, certo é que a principiologia da LDB, somada à sistemática constitucional e à Convenção Internacional sobre os Direitos das Pessoa com Deficiência, bem como à Lei Brasileira de Inclusão, não permite o ensino segregado. Então, algumas políticas públicas sobre a matéria, em nível nacional inclusive, vinham utilizando a expressão "Educação especial na perspectiva da educação inclusiva", desde 1996.

Gabriel Chalita (2001) afirma que "o maior avanço da Constituição de 1988 foi colocar no mesmo espaço os desiguais" (p. 109). Esse autor ensina ainda que:

> A escola também tem de preparar para a convivência plural, seja qual for a diferença. A separação em salas especiais para deficientes é absolutamente contrária ao espírito da LDB. É preciso que os alunos sejam cobrados de forma diferente pelo professor que conhece as limitações de cada um, para que possam conviver no mesmo espaço. Que cada um possa conhecer a limitação do outro e experimentar a dimensão da solidariedade. (CHALITA, 2001, p. 214)

É necessário lembrar que **crianças com necessidades especiais também têm necessidades comuns** e, conforme Eugênia Gonzaga, o "direito dela à educação não é suprido nem só com o [ensino] comum nem só com o especial. É preciso os dois"[23]. Ressalta-se, mais uma vez, que o atendimento educacional especializado é COMPLEMENTAR ao ensino regular e jamais substituto dele.

---

[23] Gonzaga, em entrevista à Revista Sentidos. PERRI, Adriana. Estamos fazendo história. **Sentidos,** São Paulo, v. 5, n. 30, p. 14-17, ago./set. 2005.

Ainda que se tivesse outra interpretação do art. 208, III da Constituição Federal e do art. 58 da Lei de Diretrizes e Bases (o que se admite apenas por amor ao argumento), hoje isso não é mais possível porque o Brasil assumiu o compromisso, ao internalizar a Convenção Internacional sobre os Direitos das Pessoas com Deficiência, de assegurar o ensino inclusivo em todos os níveis, como está expresso em seu art. 24:

> *Artigo 24*
> *Educação*
>
> *1.Os Estados Partes reconhecem o direito das pessoas com deficiência à educação. Para efetivar esse direito sem discriminação e com base na igualdade de oportunidades,* **os Estados Partes assegurarão sistema educacional inclusivo em todos os níveis**, *bem como o aprendizado ao longo de toda a vida, com os seguintes objetivos:*
> *a) O pleno desenvolvimento do potencial humano e do senso de dignidade e autoestima, além do fortalecimento do respeito pelos direitos humanos, pelas liberdades fundamentais e pela diversidade humana;*
> *b) O máximo desenvolvimento possível da personalidade e dos talentos e da criatividade das pessoas com deficiência, assim como de suas habilidades físicas e intelectuais;*
> *c) A participação efetiva das pessoas com deficiência em uma sociedade livre.*
> *2.Para a realização desse direito, os Estados Partes assegurarão que:*

a) **As pessoas com deficiência não sejam excluídas do sistema educacional geral** *sob alegação de deficiência e que as crianças com deficiência não sejam excluídas do ensino primário gratuito e compulsório ou do ensino secundário, sob alegação de deficiência;*

b) As pessoas com deficiência possam ter acesso ao ensino primário inclusivo, de qualidade e gratuito, e ao ensino secundário, em igualdade de condições com as demais pessoas na comunidade em que vivem;

c) Adaptações razoáveis de acordo com as necessidades individuais sejam providenciadas;

d) As pessoas com deficiência recebam o apoio necessário, no âmbito do sistema educacional geral, com vistas a facilitar sua efetiva educação;

e) Medidas de apoio individualizadas e efetivas sejam adotadas em ambientes que maximizem o desenvolvimento acadêmico e social, de acordo com a meta de inclusão plena.

3.Os Estados Partes assegurarão às pessoas com deficiência a possibilidade de adquirir as competências práticas e sociais necessárias de modo a facilitar às pessoas com deficiência sua plena e igual participação no sistema de ensino e na vida em comunidade. Para tanto, os Estados Partes tomarão medidas apropriadas, incluindo:

a) Facilitação do aprendizado do braille, escrita alternativa, modos, meios e formatos de comunicação aumentativa e alternativa, e habilidades de orientação e mobilidade, além de facilitação do apoio e aconselhamento de pares;

b) Facilitação do aprendizado da língua de sinais e promoção da identidade linguística da comunidade surda;

c) Garantia de que a educação de pessoas, em particular crianças cegas, surdocegas e surdas, seja ministrada nas línguas e nos modos e meios de comunicação mais adequados ao indivíduo e em ambientes que favoreçam ao máximo seu desenvolvimento acadêmico e social.

4.A fim de contribuir para o exercício desse direito, os Estados Partes tomarão medidas apropriadas para empregar professores, inclusive professores com deficiência, habilitados para o ensino da língua de sinais e/ou do braille, e para capacitar profissionais e equipes atuantes em todos os níveis de ensino. Essa capacitação incorporará a conscientização da deficiência e a utilização de modos, meios e formatos apropriados de comunicação aumentativa e alternativa, e técnicas e materiais pedagógicos, como apoios para pessoas com deficiência.

5.Os Estados Partes assegurarão que as pessoas com deficiência possam ter acesso ao ensino superior em geral, treinamento profissional de acordo com sua vocação, educação para adultos e formação continuada, sem discriminação e em igualdade de condições. Para tanto, os Estados Partes assegurarão a provisão de adaptações razoáveis para pessoas com deficiência. (grifamos).

Logo, considerando a equivalência de norma constitucional dessa Convenção e de sua expressa determinação, outra não pode ser a conclusão senão a que o ensino segregado não é mais permitido no Brasil.

Além disso, temos que a Lei Brasileira de Inclusão das Pessoas com Deficiência, que tem como base o texto da Convenção Internacional, dispôs claramente acerca da educação inclusiva, destinando seu capítulo IV ao tema.

Assim está disposto na LBI:

> *Art. 27.* **A educação constitui direito da pessoa com deficiência, assegurados sistema educacional inclusivo em todos os níveis e aprendizado ao longo de toda a vida, de forma a alcançar o máximo desenvolvimento possível de seus talentos e habilidades físicas, sensoriais, intelectuais e sociais, segundo suas características, interesses e necessidades de aprendizagem.**
>
> *Parágrafo único. É dever do Estado, da família, da comunidade escolar e da sociedade assegurar educação de qualidade à pessoa com deficiência, colocando-a a salvo de toda forma de violência, negligência e discriminação.*
>
> *Art. 28. Incumbe ao poder público assegurar, criar, desenvolver, implementar, incentivar, acompanhar e avaliar:*
>
> *I -* **sistema educacional inclusivo em todos os níveis e modalidades, bem como o aprendizado ao longo de toda a vida;**
>
> *II - aprimoramento dos sistemas educacionais, visando a garantir condições de acesso, permanência, participação e aprendizagem, por meio da oferta de serviços e de recursos de acessibilidade que eliminem as barreiras e promovam a inclusão plena;*

III - projeto pedagógico que institucionalize o atendimento educacional especializado, assim como os demais serviços e adaptações razoáveis, para atender às características dos estudantes com deficiência e garantir o seu pleno acesso ao currículo em condições de igualdade, promovendo a conquista e o exercício de sua autonomia;

IV - oferta de educação bilíngue, em Libras como primeira língua e na modalidade escrita da língua portuguesa como segunda língua, em escolas e classes bilíngues e em escolas inclusivas;

V - adoção de medidas individualizadas e coletivas em ambientes que maximizem o desenvolvimento acadêmico e social dos estudantes com deficiência, favorecendo o acesso, a permanência, a participação e a aprendizagem em instituições de ensino;

VI - pesquisas voltadas para o desenvolvimento de novos métodos e técnicas pedagógicas, de materiais didáticos, de equipamentos e de recursos de tecnologia assistiva;

VII - planejamento de estudo de caso, de elaboração de plano de atendimento educacional especializado, de organização de recursos e serviços de acessibilidade e de disponibilização e usabilidade pedagógica de recursos de tecnologia assistiva;

VIII - participação dos estudantes com deficiência e de suas famílias nas diversas instâncias de atuação da comunidade escolar;

IX - adoção de medidas de apoio que favoreçam o desenvolvimento dos aspectos linguísticos, culturais, vocacionais e profissionais, levando-se em conta o talento, a criatividade, as habilidades e os interesses do estudante com deficiência;

X - adoção de práticas pedagógicas inclusivas pelos programas de formação inicial e continuada de professores e oferta de formação continuada para o atendimento educacional especializado;

XI - formação e disponibilização de professores para o atendimento educacional especializado, de tradutores e intérpretes da Libras, de guias intérpretes e de profissionais de apoio;

XII - oferta de ensino da Libras, do Sistema Braille e de uso de recursos de tecnologia assistiva, de forma a ampliar habilidades funcionais dos estudantes, promovendo sua autonomia e participação;

XIII - acesso à educação superior e à educação profissional e tecnológica em igualdade de oportunidades e condições com as demais pessoas;

XIV - inclusão em conteúdos curriculares, em cursos de nível superior e de educação profissional técnica e tecnológica, de temas relacionados à pessoa com deficiência nos respectivos campos de conhecimento;

XV - acesso da pessoa com deficiência, em igualdade de condições, a jogos e a atividades recreativas, esportivas e de lazer, no sistema escolar;

XVI - acessibilidade para todos os estudantes, trabalhadores da educação e demais integrantes da comunidade escolar às edificações, aos ambientes e às atividades concernentes a todas as modalidades, etapas e níveis de ensino;

XVII - oferta de profissionais de apoio escolar;

XVIII - articulação intersetorial na implementação de políticas públicas.

§ 1º Às instituições privadas, de qualquer nível e modalidade de ensino, aplica-se obrigatoriamente o disposto nos incisos I, II, III, V, VII, VIII, IX, X, XI, XII, XIII, XIV, XV, XVI, XVII e XVIII do caput deste artigo, sendo vedada a cobrança de valores adicionais de qualquer natureza em suas mensalidades, anuidades e matrículas no cumprimento dessas determinações.

§ 2º Na disponibilização de tradutores e intérpretes da Libras a que se refere o inciso XI do caput deste artigo, deve-se observar o seguinte:

I - os tradutores e intérpretes da Libras atuantes na educação básica devem, no mínimo, possuir ensino médio completo e certificado de proficiência na Libras;

II - os tradutores e intérpretes da Libras, quando direcionados à tarefa de interpretar nas salas de aula dos cursos de graduação e pós-graduação, devem possuir nível superior, com habilitação, prioritariamente, em Tradução e Interpretação em Libras. (grifos nossos)

Inclusão não é apenas colocar alunos com e sem deficiência na mesma sala de aula, vai muito além disso, pois é preciso entregar todas as condições necessárias para que todos os alunos desenvolvam o seu potencial. Aliás, o texto do art. 206 da Constituição Federal, que trata dos princípios que devem nortear o ensino no Brasil, destaca em seu inciso I a **"igualdade de condições para o acesso e permanência na escola"**. E é isso que a LBI vem regulamentar e garantir quando, por exemplo, determina medidas individuais e coletivas que proporcionem o desenvolvimento acadêmico e a socialização de alunos com deficiência, bem como quando garante que sejam oferecidos materiais inclusivos e tecnologias assistivas que ampliem as habilidades dos alunos e ajudem em sua permanência e desenvolvimento.

É preciso destacar de novo que o direito à educação inclusiva não é apenas um direito dos alunos que têm deficiência, porém, também daqueles que não as têm, porque todos precisam aprender a conviver com as diferenças e assim se desenvolverem plenamente como seres humanos e cidadãos conscientes. É assim que "aprendemos a ser".

Um ambiente de segregação não é bom para NINGUÉM! Nem para quem tem deficiência, nem para quem não tem.

Cabe, ainda, mencionar que o referido art. 24 da Convenção Internacional prevê como objetivos da educação, dentre outros: **o pleno desenvolvimento do potencial humano e do senso de dignidade e autoestima, além do fortalecimento do respeito pelos direitos humanos, pelas liberdades fundamentais e pela diversidade humana; o máximo desenvolvimento possível da personalidade e dos talentos e da criatividade das pessoas com deficiência, assim como de suas habilidades físicas e intelectuais; e a participação efetiva das pessoas com deficiência em uma sociedade livre.** Pergunta-se, então: como atender a esses objetivos fora de uma escola que receba a todos?

"A escola que não está preparada para receber gente diferente não é escola; ela perdeu sua característica básica e essencial, ou seja, convívio de gente, com suas diferenças", ensinam Ragazzi e Araujo (2007, p. 46).

Alerta-nos, também, Werneck (2000):

> *Incluir não é favor, mas troca. Quem sai ganhando com essa troca? Todos, em igual medida. Conviver com as diferenças humanas é **direito do pequeno cidadão**, deficiente ou não. Juntos construirão um país diferente. A escola transformadora é a semente desse Brasil-do-tamanho-exato-de-nossas-ideias. (WERNECK, 2000, p. 64) (grifos nossos)*

Outro ponto a se considerar é que solidariedade é um dos princípios da nossa Constituição Cidadã (art. 3º, I) e, assim, vale observar que a solidariedade é uma lição da escola inclusiva. Na fala de Maria Teresa Eglér Mantoan (2001, p. 67):

> *ninguém é tão capaz a ponto de não precisar de apoio do colega, do amigo, do professor. As crianças aprendem com os adultos a competir e a cooperar, por isso é grande a nossa responsabilidade no sentido de fomentar atitudes que lhe possibilitem ser solidárias [...]* [24].

Neste passo, é preciso enxergar que a preparação para o exercício da cidadania só é possível na convivência com o diferente, aprendendo a respeitá-lo, sendo solidário e tolerante.

---

[24] Nesse sentido, cabe o registro do ensinamento de Anísio Teixeira: "A forma democrática da vida funda-se no pressuposto de que ninguém é tão desprovido de inteligência que não tenha contribuição a fazer às instituições e à sociedade a que pertence; e a forma aristocrática, no pressuposto inverso de que a inteligência está limitada a alguns que, devidamente cultivados, poderão suportar o ônus e o privilégio da responsabilidade social, subordinados os demais aos seus propósitos e aos seus interesses" (TEIXEIRA, 2004, *op. cit.*, p.13).

Ademais, deve-se pensar também em relação ao futuro, acerca da questão de possibilitar a autodeterminação das pessoas com deficiência num mundo real.

Observe-se, por exemplo, que para garantia de sua subsistência, a pessoa com deficiência não vai contar com um "trabalho especial" ou com alguma instituição segregada e os pais dessas pessoas não serão eternos. Logo, se não forem dadas a essas pessoas todas as possibilidades de desenvolverem suas potencialidades e talentos, se não se lhes propiciar condições de se autodeterminarem na medida de suas capacidades e fazerem suas próprias escolhas, quem vai cuidar delas na fase adulta?

Não é novidade que a expectativa de vida dos brasileiros vem aumentando e, logicamente, daqueles que têm deficiência também. Portanto, o sentimento de proteção de algum sofrimento na infância, por estar num ambiente em que suas diferenças são um pouco mais notadas (como pode acontecer na escola regular), deve ser substituído pela certeza de que se está fazendo o melhor para que a criança com deficiência se torne um adulto capaz de lidar e conviver em sociedade.

A escola é o meio do caminho entre o lar/família e o mundo real. Então, para preparar o aluno para o que lhe espera, embora guardando as características de um porto seguro, na escola não pode haver privação da realidade da diversidade.

Como já dissemos anteriormente, nós não podemos afirmar até onde um indivíduo é capaz de chegar.

Ricardo Tadeu Marques da Fonseca (2006, p. 16), com conhecimento de causa, diz: "A ignorância generalizada sobre as competências das pessoas com deficiência impede-lhes o acesso às condições mínimas de cidadania... Sufoca-lhes o excesso de proteção assistencial e familiar".

Olney Queiroz Assis e Lafayette Pozzoli (2005, p. 312) afirmam: "o desafio da escola inclusiva concentra-se, portanto, no desenvolvimento de uma pedagogia capaz de educar, com qualidade satisfatória, todas as crianças, inclusive as portadoras de necessidades especiais".

Qual a sociedade que desejamos? Quais os cidadãos que queremos?

Essas respostas se dão através da forma como enxergamos e queremos a educação das nossas crianças e jovens.

Meu sonho é que um dia a escola seja chamada apenas de ESCOLA... que não seja mais necessário o adjetivo "inclusiva", uma vez que a verdadeira escola existe para educar gente... e gente é naturalmente diferente!

3.1. A possível e necessária mudança de paradigma – educando para solidariedade

O ser humano, como ser eminentemente social, tem a necessidade de ser reconhecido e amado, além de precisar de afeto por toda vida. Ora, se então "eu" preciso, é necessário que esse "eu" reconheça que o "outro" também precisa e, portanto, há que se incentivar essa percepção do "outro" enquanto pessoa igual em valor, necessidades e dignidade.

O papel da escola, como se tenta deixar evidente neste escrito, vai bem além do aspecto cognitivo na vida do aluno. A escola ensina lições e valores que ultrapassam o "conteúdo programático" e se coloca como o meio de transição entre a "família" (que é (ou deveria ser) um porto seguro) e o mundo real, a sociedade em que se vive.

É preciso considerar, também, que diante da mudança de hábitos e estilos de vida, das exigências do mercado de trabalho e estabilização da mulher nesse mercado, da reconfiguração das estruturas e modelos familiares, a escola agora vai ter de se adaptar a novas funções, que antes eram exclusivamente da família e deve estar preparada para novas responsabilidades. Chegamos à conclusão de que em dias atuais é cada vez mais importante o papel da instituição de ensino na preparação para o exercício da cidadania e no pleno desenvolvimento humano.

Portanto, a atenção aos pilares da educação "aprender a ser" e "aprender a conviver", pela escola, é cada vez mais essencial.

Assim, solidariedade também deve ser ensinada (e praticada[25]) na escola, afinal, como disse Paulo Freire (2014, p. 36), "a educação tem a ver com *formação* e não com *treinamento*. A educação vai além da mera transferência de técnicas" (*Id. ibid.*, p. 37) (destaques no original). E continua: "Formar é algo mais profundo que simplesmente treinar. Formar é uma necessidade precisamente de transformar a consciência que temos, aumentar sua curiosidade intuitiva, que nos caracteriza como seres humanos. **Onde há vida, há curiosidade [...]**". (*Ibid*, p. 73) (grifamos).

Entendemos que a solidariedade deve ser transmitida como parte da formação do ser humano e temos plena convicção, parafraseando Freire, de que **onde há vida, há necessidade de solidariedade**. Isso faz parte do "aprender a ser"! Ninguém é tão independente a ponto de dizer que jamais precisará do outro, ao contrário, essa independência é ilusória, uma vez que todos estamos inseridos num sistema social de mútua dependência.

---

[25] Nas palavras da Paulo Freire: "É absolutamente importante saber que a educação demanda exemplos, testemunho [...]" (**Pedagogia da Solidariedade**, cit., p. 36).

Roque Strieder (2004), com razão, afirma: "Multiplicamos o conhecimento, mas temos dificuldades e impasses éticos para utilizá-lo em benefício de toda humanidade [...]" (*Id. ibid.*, p. 310). Então, cabe aqui a reflexão sobre para que se quer o conhecimento, "em favor de quem e em favor de que, e contra quem, e contra ou quê" (FREIRE, 2014, p. 39) ele é válido[26].

Precisamos, segundo Strieder (2004), "criar um conhecimento que priorize a possibilidade da convivialidade solidária entre seres vivos e em particular entre seres humanos" (*Id. ibid.*, p. 317). Assim, é necessário "**criar uma ética para a sensibilidade solidária, para que o interesse da humanidade esteja acima do interesse de indivíduos**" (*Id. ibid.*, p. 319).

Não se nega que na atualidade, em que o individualismo é impulsionado pela realidade social, seja difícil manter e lutar por uma postura solidária. Sabe-se que transmitir esse valor em um espaço coletivo, cheio de diversidade, como a escola, é uma tarefa árdua, porém necessária.

Diz Assmann (2012, p. 28):

> *A humanidade chegou numa encruzilhada ético-política, e ao que tudo indica não encontrará saídas para a sua própria sobrevivência, como espécie ameaçada por si mesma, enquanto não construir consensos sobre como incentivar conjuntamente nosso potencial de iniciativas e nossas frágeis disposições à solidariedade.*

---

[26] "O sonho principal, o sonho fundamental não é a matemática. A matemática é muito importante, mas tem de estar a serviço de alguma coisa. Eu quero que a matemática trabalhe em favor da minha pessoa, um ser humano.", reflete sabiamente Paulo Freire. Op.cit. p. 33.

Dessa forma, pensando na "preservação da espécie", a prática da solidariedade no cotidiano escolar se faz urgente.

Já dissemos anteriormente que a diversidade é característica da humanidade e que, portanto, as pessoas têm direito de serem diferentes, apesar de sua igual dignidade. Logo, num contexto de diferenças, imprescindível que se faça presente o conceito de tolerância. "Tolerar significa conviver, sem perder a própria convicção.", ensina Luiz Alberto David Araujo (2000, p. 3).

A convivência pressupõe, então, uma cedência recíproca e aceitação do "outro" como ele é. Significa dizer que apesar das diferenças é possível (e necessário) estar junto, afinal, assim nos desenvolvemos como seres humanos. Dessa forma, a tolerância deve ser vista como um traço de uma sociedade democrática (ARAUJO, 2000, p. 2).

Além disso, a partir do momento em que se convive com a diferença sob a ótica da tolerância, aprende-se que também é possível ajudar aquele que precisa, mesmo que ele seja ou pense diferente e que "amanhã" pode ser que "eu" seja o "outro que necessita de ajuda" de alguém.

Alerta-nos, com propriedade, Humberto Maturana (1998, p. 23): "Sem a aceitação do outro na convivência, não há fenômeno social". Dito de outra forma, "só são sociais as relações que se fundam na aceitação do outro como um legítimo outro na convivência, e que tal aceitação é o que constitui uma conduta de respeito" (*Id. ibid.*, p. 24).

Maturana, educador chileno, ao ser perguntado se "A educação atual serve ao Chile e à sua juventude? e, em caso de resposta afirmativa: Para quê ou para quem?" (*Id. ibid.*, p. 11) (*sic*), responde enfatizando a fundamental reflexão sobre o que se quer da educação, o que é educar, para que se quer educar e, principalmente, qual país se quer (*Id. ibid.*, p. 12). Explica que na sua época de estudante, apesar das ideologias diversas, havia um propósito comum: devolver ao país o que se estava recebendo dele. Havia um sentimento de **responsabilidade social** e um compromisso explícito ou implícito de realizar "a tarefa fundamental de acabar com a pobreza, com o sofrimento, com as desigualdades e com os abusos" (*Id. ibid.*). Porém,

> *A situação e as preocupações dos estudantes de hoje mudaram. Hoje, os estudantes se encontram no dilema de escolher entre o que deles se pede, que é preparar-se para competir no mercado profissional e o ímpeto de sua empatia social, que os leva a desejar mudar uma ordem político-cultural geradora de excessivas desigualdades que trazem pobreza e sofrimento material e espiritual.* (MATURANA, 1998, p. 12-13)

Adverte, ainda, Maturana que a coincidência entre o propósito individual e o propósito social atualmente não acontece porque:

> *No momento em que uma pessoa se torna estudante para entrar na competição profissional, ela faz de sua vida estudantil um processo de preparação para participar num* **âmbito de interações que se define pela negação do outro**, *sob o eufemismo: mercado da livre e sadia competição.* (MATURANA, 1998, p. 13) (grifamos)

Nota-se, no entanto, que não existe competição sadia, pois da vitória de um surge a derrota de outro. "A vitória é um fenômeno cultural que se constitui na derrota do outro. A competição se ganha com o fracasso do outro, e se constitui quando é culturalmente desejável que isso ocorra." (*Id. ibid.*, p. 21).

Ora, se culturalmente hoje é impossível "tirar a competição do mercado", a deixemos para esse período da vida apenas. Na escola se deve manter um ambiente de cooperação, de solidariedade, um ambiente em que se possa sentir satisfação pelo outro, ficar contente com o outro **e assim mostrar que a negação do outro não é algo natural**, afinal nos completamos com o outro.

Não há dúvida que um ambiente solidário favorece e estimula o aprendizado dos conteúdos propostos, além de ensinar a importância de enxergar e valorizar o outro, implicando no respeito aos pilares da educação "aprender a ser" e "aprender a conviver".

Osvaldo Ferreira de Melo (2008), em artigo publicado sobre direitos e deveres de solidariedade, observa que:

> *Através de um sistema educacional que não se preocupe apenas com a ciência e a tecnologia, mas que junte a essas importantes jornadas epistemológicas um pouco de sabedoria do agir ético e da estética convivencial, poder-se-á conquistar muita coisa no esforço de* **construir uma sociedade solidária. A esperada pedagogia da solidariedade fará a criança e o jovem entenderem que ser bom, ser justo e ser honesto não é sinal de fraqueza para enfrentar o mundo opressivo; pelo contrário, é um extraordinário ato de coragem** *superar as mazelas e ajudar os outros a criarem a consciência de que, sem os laços de solidariedade a nos proteger reciprocamente, sucumbiremos todos, em meio ao caos e às lutas fratricidas. (MELO, 2008, p. 146) (grifo nosso).*

A solidariedade é lição da escola inclusiva, já que nela todos devem ser aceitos e respeitados, cooperando uns com os outros. Na escola inclusiva fica evidente que todo ser humano está em construção (até o fim da vida estaremos nesse processo de construção e, às vezes, de necessária desconstrução). Alunos e professores estão "se construindo" todos os dias.

Então, educar para solidariedade só é possível nesse contexto de diversidade, sob a ótica da tolerância, pois "o caminho se faz caminhando" (FREIRE, 2011, p. 37-38). Aliás, como ensina Sacchetto (2005, p. 16), "a solidariedade pressupõe a desigualdade e age como limite dos seus efeitos, ainda que não se resuma a mero corretivo". E completa: "Onde um está separado do outro cessa a solidariedade" (*Id. ibid.*, p. 36).

A escola inclusiva, que é uma escola por natureza solidária, vai ao encontro do almejado pela Constituição Federal, que desde o preâmbulo demonstra a intenção de que sejamos uma sociedade fraterna e pluralista e sem preconceitos, fundada na harmonia social. E a harmonia social entre os adultos (que vivem sob a pressão "do mercado") só poderá ser realidade um dia se as crianças e jovens aprenderem a ser solidários e o quanto é fundamental é se colocar no lugar do outro. Portanto, educar para solidariedade é tarefa de todos os envolvidos no processo de formação humana e, indubitavelmente, dever da instituição de ensino.

3.1.1. *Princípio da solidariedade e construção de uma sociedade para todos*

A Constituição de 1988 insculpiu a solidariedade como um princípio fundamental, quando o art. 3º determina que o primeiro dos objetivos fundamentais da República é a construção de uma sociedade livre, justa e solidária.

Nesse passo, cabe aqui a observação de Marco Aurélio Greco (2005, p. 172), que diz que a "indicação de objetivos [fundamentais da República] não é mera declaração de boas intenções; ela assume o papel condicionante dos mecanismos e instrumentos que vierem a ser criados e utilizados à vista das competências constitucionais". E, em outra oportunidade, esse autor brilhantemente sintetiza: "os dispositivos constitucionais não são mera expressão de propósitos ou de boa-vontade, estão lá para gerar efeitos" (*Id. ibid.*, p. 185).

Ademais, como vimos, a preocupação com o viés social da dimensão humana está retratada desde o preâmbulo da Constituição, no qual se pode observar a definição de um novo desenho da sociedade brasileira, almejada pelo Constituinte de 1988 (*Id. ibid.*, p. 174). Então, o princípio da solidariedade, positivado na Lei Maior vigente, vai ao encontro de uma "justiça reformadora" (YAMASHITA, 2005, p. 56-57)[27], ou seja, está em busca reformas transformadoras.

Oportuno, para continuarmos nosso raciocínio, trazer as definições de um dicionário, em relação ao termo solidariedade:

> *substantivo feminino:*
> *caráter, condição ou estado de solidário;*
> **compromisso pelo qual as pessoas se obrigam umas às outras e cada uma delas a todas;**
> *laço ou ligação mútua entre duas ou muitas coisas ou pessoas, dependentes umas das outras;*
> *sentimento de simpatia, ternura ou piedade pelos pobres, pelos desprotegidos, pelos que sofrem, pelos injustiçados etc.;*

---

[27] Douglas Yamashita traz a ideia de "justiça reformadora", de Klaus Vogel, e explica que ela é contraposta à "justiça distributiva", a qual "aceita as circunstâncias nas quais os cidadãos vivem, como seu ponto

manifestação desse sentimento, com o intuito de confortar, consolar, oferecer ajuda etc.;

cooperação ou assistência moral que se manifesta ou testemunha a alguém, em quaisquer circunstâncias (boas ou más);

estado ou condição de duas ou mais pessoas que dividem igualmente entre si as responsabilidades de uma ação ou de uma empresa ou negócio, respondendo todas por uma e cada uma por todas;

responsabilidade, interdependência;

mutualidade de interesses e deveres;

identidade de sentimentos, de ideias, de doutrinas;

estado ou condição grupal que resulta da comunhão de atitudes e sentimentos, de maneira que o grupo venha a constituir uma unidade sólida, capaz de oferecer resistência às forças externas e, até mesmo, de se tornar mais firme ainda em face da oposição procedente de fora. (HOUAISS, 2012) (grifamos)

É bom frisar que "o termo solidariedade, apesar de plurívoco, aponta sempre para a ideia de união, de ligação entre as partes de um todo" (GRECO, 2005, p. 142). Sacchetto (2005, p. 16) diz que "não há dúvida que o conceito de solidariedade é um conceito relacional e que subentende uma relação entre pelo menos duas pessoas". Concebe-se como **a raiz da solidariedade a ideia de reconhecimento do outro** (RAPOZO, 2009, p. 8). Então, mais uma vez se evidencia a importância do pilar da

---

de partida, mantendo o *status quo*". (YAMASHITA, Douglas. Princípio da Solidariedade em Direito Tributário. *In*: GRECO, Marco Aurélio; GODOI, Marciano Seabra de. **Solidariedade...**, *cit.*).

educação "aprender a conviver", pois só se reconhece o outro convivendo com ele.

Importante esclarecer que fraternidade e solidariedade não são termos sinônimos, embora sejam conceitos que se completam. A confusão entre os termos é comum. Greco (2005) nos ajuda na diferenciação:

> Fraternidade e solidariedade não são sinônimos, mas conceitos que se completam, pois, enquanto a segunda se exprime nos múltiplos modos de auxílio ao semelhante e de agir "junto com o próximo", a primeira abrange, além disso, a tolerância, o amor e o respeito ao outro, bem como outras formas de agir "em benefício do próximo", o que inclui, por exemplo, a filantropia. (GRECO, 2005, p. 174)

Logo, percebe-se que, ao contrário da fraternidade, que pode apenas ser desejada, **a solidariedade é um dever advindo de uma norma jurídica**, pois tal valor foi positivado como princípio no texto constitucional brasileiro.

Impossível, neste momento, deixar de mencionar que cidadania e solidariedade caminham "de mãos dadas". Afinal, de acordo com José Casalta Nabais (2005, 124), "efetivamente a solidariedade mais não é do que um aspecto ou dimensão nova, e um aspecto ou dimensão nova ativa, da cidadania...". Na verdade, esse autor entende que estejamos diante de uma terceira etapa da cidadania: **a cidadania responsavelmente solidária**, "em que o cidadão assume um novo papel, tomando consciência de que seu protagonismo ativo na vida pública já não se basta com o controle do exercício dos poderes" (*Id. ibid.*, p. 124-125) e no qual o indivíduo assume encargos, deveres e responsabilidades derivados dessa mesma vida pública e que não podem ser enxergados como tarefa exclusiva do Estado (*Id. ibid.*). Inegável, portanto, que enquanto cidadãos temos o dever de ser solidários. Rapozo (2009) explica que:

> *Ao contrário do que ocorre com os demais valores que fundamentam direitos, a solidariedade apresenta sua função legitimadora de forma indireta, na medida que o faz por intermédio de deveres, pelo menos naqueles deveres que necessariamente correspondem a direitos.* (RAPOZO, 2009, p. 27)

Assim, "quando falamos do princípio da solidariedade, referimo-nos à norma que prescreve a necessidade de um cumprimento de deveres de cooperação, tendo em conta a perspectiva dos menos favorecidos, que se estende inclusive às gerações futuras" (*Id. ibid.*, p. 15).

Marcio Augusto de Vasconcelos Diniz (2008, p. 32) acertadamente fala que "a solidariedade implica, por outro lado, a co-responsabilidade, a compreensão da transcendência social das ações humanas, vem a ser, do co-existir e do con-viver comunitário." .

Diante do estágio evolutivo social em que vivemos, solidariedade não pode mais ser vista apenas como virtude ou favor[28], pois o ordenamento jurídico brasileiro a

---

[28] Nas palavras de Paulo Sergio Rosso, a "solidariedade tornou-se, por via da Constituição de 1988, direito positivo, passando a não representar apenas sentimento pessoal ou aspiração de grupos. Hoje é dever de toda sociedade prestar auxílio aos fracos e desamparados, ainda que esse desejo possa inexistir no íntimo de alguns ou muitos cidadãos."
ROSSO, Paulo Sergio. Solidariedade e direitos fundamentais na Constituição Brasileira de 1988. In: CONPEDI, Manaus, 2013. Anais... CONPEDI, 2013. Disponível em: http://www.publicadireito.com.br/conpedi/manaus/arquivos/anais/bh/paulo_sergio_rosso.pdf. Acesso em: 26. fev. 2021.

positivou como norma constitucional e sua concretização depende da satisfação de deveres pelos cidadãos. Todos ganham com a solidariedade.

É preciso registrar aqui, para aqueles que não são da área do Direito, e que certamente já ouviram falar na existência de direitos fundamentais da pessoa humana, que também existem constitucionalmente previstos deveres fundamentais da pessoa humana. A noção de deveres fundamentais não é nova, ainda que pareça haver, em tempos atuais, um esquecimento da ideia de deveres (ROSSO, 2013, p. 2) e que o egoísmo e o individualismo são frequentes na sociedade. Todavia, a vida em comunidade pressupõe o "enxergar o outro" para que se consiga um mínimo de harmonia que garanta essa convivência.

Então, nota-se o importante reconhecimento de que do ser humano deve ser exigido o cumprimento de deveres imperativos de solidariedade política, econômica e social, além da garantia de direitos.

José Fernando de Castro Farias (1998), em valioso trabalho sobre a origem do direito de solidariedade, traz a lição de León Bourgeois, que afirma:

Não é então, entre o homem e o Estado ou a sociedade que se põe o problema do direito e do dever; é entre os homens eles mesmos, mas entre homens concebidos como associados a uma obra comum e **obrigados uns com os outros pelos elementos de um objetivo comum**. (FARIAS, 1998, p. 191) (grifamos)

Assim, importa que a construção de uma sociedade livre, justa e solidária seja de acordo com uma postura mais exigente (cf. GODOI, 2005, p. 148), que enxerga que "a sociedade solidária é aquela que se ergue sobre pilares de sustentação efetivamente solidários" e não uma postura menos exigente (*Id. ibid.*), a qual "responde que a sociedade solidária é uma sociedade que reconhece, valoriza e incentiva que seus cidadãos pratiquem atos solidários" apenas. Afinal, "cidadania implica tanto direitos como deveres" (NABAIS, 2014, p. 4) e **os indivíduos são membros concomitantemente livres e responsáveis em sua** comunidade (*Id. ibid.*, p. 22).

Portanto, tendo em vista que no Brasil a solidariedade é norma constitucional (na modalidade "princípio") e que todo cidadão, além de direitos tem deveres fundamentais, e considerando que é a educação que visa o pleno desenvolvimento humano e a preparação para o exercício da cidadania (além da qualificação para o trabalho), conforme os ditames do art. 205 da Constituição Federal, outra não pode ser a conclusão senão a que **as instituições de ensino têm o dever de ensinar e praticar a solidariedade**. Contudo, isso não é possível se a escola "abrir as portas" apenas para alguns "tipos" de alunos. A escola inclusiva é a que melhor pode refletir e ensinar solidariedade, pois ensina a enxergar no outro, apesar das diferenças, igual dignidade.

A mudança de paradigma necessária e possível exige que a educação seja feita em ambiente solidário e seja para a solidariedade. Exige, portanto, que a educação seja inclusiva.

Então, se enxergarmos a educação inclusiva como direito de TODOS (pessoas com e sem deficiência), entendendo que dessa forma se aprenderá a convivência natural com a diferença, colocando em prática a solidariedade determinada pelo texto constitucional, impulsionaremos a obrigatória e urgente mudança/transformação social.

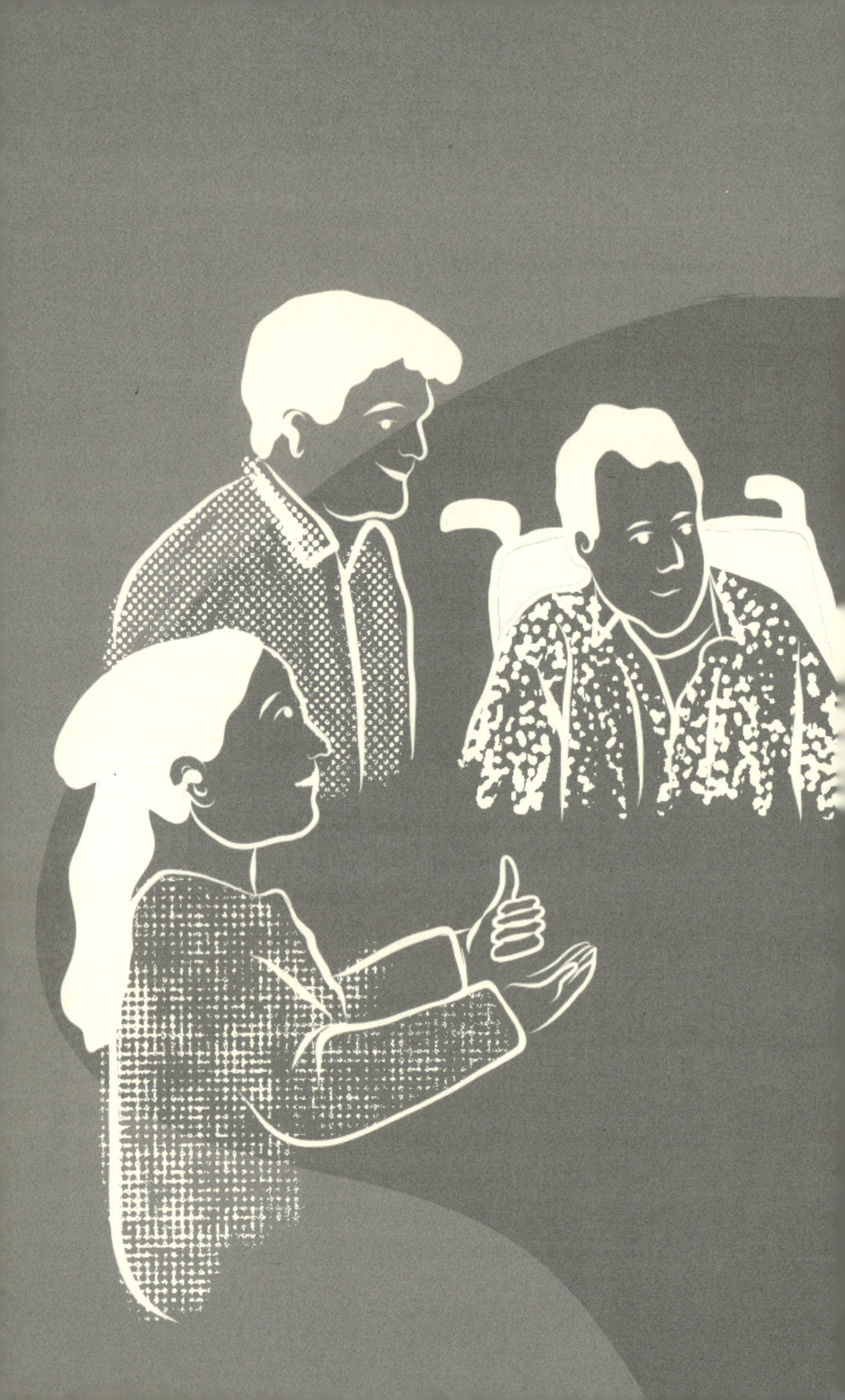

CAPÍTULO 4

A luta continua...

No caminho da inclusão social das pessoas com deficiência, como se falou nos tópicos anteriores, já andamos bastante, porém, ainda há muito chão pela frente. Isso exige que não permitamos, de maneira alguma, retroceder naquilo que já foi conquistado.

Estar em alerta é muito necessário porque, atualmente, presenciam-se tentativas de legalizar e instituir novamente o ensino segregado, em detrimento do que dispõe a Constituição Federal e a Convenção Internacional sobre os Direitos das Pessoas com Deficiência.

E não só isso: parece que se quer reavivar a cultura assistencialista acerca da deficiência, com uma diretriz capacitista, trazendo à vida das pessoas com deficiência obstáculos que já não se faziam presentes, retirando direitos que foram duramente conquistados a partir dos movimentos das pessoas com deficiência desde o final da década de 1970 e começo da década de 1980.

Portanto, a luta pela construção (e não demolição) de uma sociedade para TODOS continua...

4.1. Em oposição aos retrocessos

Como vimos, desde 1988 a legislação vigente já não contempla o ensino segregado e, passados mais de trinta anos da promulgação da Constituição, a visão da sociedade, incluídos aqui os profissionais da educação, felizmente evoluiu bastante e hoje a convivência entre alunos com e sem deficiência na mesma sala de aula está incorporada como prática comum.

Todavia, em 30 de setembro de 2020 fomos surpreendidos com a publicação do Decreto nº 10.502, que institui a "nova" política nacional de Educação Especial.

Esse decreto presidencial, também chamado de Decreto da Segregação, pretende RETROCEDER a uma época anterior a 1988, pois prevê a possibilidade do ensino segregado como escolha, atacando fortemente às bases da educação inclusiva e todos os ganhos que a sociedade brasileira alcançou nessa seara.

Em razão disso, a sociedade civil, os movimentos de pessoas com deficiência, partidos políticos, comunidade acadêmica etc. se mobilizaram contra o decreto e contra a "nova" política de Educação Especial, que é fundamentada em conceitos já ultrapassados há muito tempo.

A Rede-In (Rede Brasileira de Inclusão da Pessoa com Deficiência), que é composta por entidades e coletivos nacionais comprometidos com a defesa das pessoas com deficiência[29], em dezembro de 2019 (antes da edição do decreto em comento, portanto), já havia emitido nota de repúdio (e alerta) aos retrocessos que o MEC pretendia impor à política de educação inclusiva[30]. E, quando da publicação do Decreto nº 10.502/2020, informou à ONU sobre sua inconstitucionalidade e inconvencionalidade (desconformidade com a Convenção Internacional que o Brasil internalizou com equivalência de norma constitucional), através da Carta enviada ao Representante Regional para a América do Sul do Escritório do Alto Comissariado das Nações Unidas para os Direitos Humanos (como se pode ver ao final desta obra, no ANEXO I). A resposta do órgão e sua análise do caso não deixam dúvida quanto à afronta à Constituição Federal e à Convenção Internacional sobre os Direitos das Pessoas com Deficiência (ANEXO II).

Formou-se, também, em oposição ao decreto, uma coalizão nacional chamada "Coalizão Brasileira para Educação

---

[29] https://ampid.org.br/site2020/rede-in/. Acesso em: 24 fev. 2021.

[30] http://www.ampid.org.br/v1/wp-content/uploads/2019/12/NOTA--MEC-17-12-2019.pdf. Acesso em 24. fev. 2021.

Inclusiva", composta por diversas entidades da sociedade civil[31], cujo lema é "Inclusão pra Todo Mundo – juntos pela revogação do Decreto 10.502". Esse grupo elenca[32] os impactos do decreto:

1. Estimula o corte de orçamento das escolas

Ao viabilizar recursos para salas e instituições especializadas, o orçamento destinado ao fortalecimento das escolas comuns passa a ser dividido com outras instituições. Sem o investimento adequado em escolas comuns inclusivas (como formação de professores, construção de espaços acessíveis e tecnologias assistivas), o Estado não honra o compromisso de torná-las cada vez mais aptas a receber todos os estudantes.

2. Desvaloriza a educação de qualidade

A educação inclusiva incentiva escolas e professores a ampliarem seu repertório e a desenvolverem novas habilidades para apoiar as necessidades de cada estudante. Sem inclusão, as experiências serão limitadas, permitindo o enfraquecimento da educação de qualidade para todos.

3. Responsabiliza os estudantes pelo fracasso escolar

Não se deve partir do pressuposto que existem estudantes que "não se beneficiam" da escola comum. Esse entendimento, além de

---

[31] https://inclusaopratodomundo.org.br/. Acesso em: 24 fev. 2021.
[32] *Idem.*

discriminatório, exime o Estado de sua responsabilidade. O governo tem obrigação de investir na educação inclusiva e a escola de construir todos os apoios que forem necessários para garantir o acesso, a permanência e o aprendizado de todos.

4. Ameaça o direito à educação
As atividades desenvolvidas nas instituições especializadas não substituem o ensino regular. No entanto, o texto do Decreto flexibiliza o direito à educação ao afirmar que alguns estudantes "não se beneficiam" da escola comum (que, como diz o nome, é o espaço que deveria ser comum a todos) e retomar as instituições segregadas como alternativa. Ou seja, o Decreto abre precedente para a exclusão escolar de todo e qualquer estudante, tenha ou não deficiência.

5. Incentiva a segregação sob o pretexto de dar "escolha"
De acordo com o Estatuto da Criança e do Adolescente (Art. 55), "Os pais ou responsável têm obrigação de matricular seus filhos ou pupilos na rede regular de ensino". Ou seja, é dever do Estado, da família e da sociedade assegurar à criança e ao adolescente o direito à educação. Isso significa que "as possibilidades de escolha dos educandos e das famílias" devem estar dentro das alternativas de escolas regulares que estão de acordo com o ordenamento jurídico que regula a educação no país.

6. Desconsidera os benefícios da educação inclusiva

Todos se beneficiam diretamente da escola comum inclusiva. Sabemos, porém, que nem tudo está perfeito: há muitas melhorias a serem feitas nas escolas. Elas envolvem investimentos em salários, formação e continuidade das políticas nacionais. Contudo, tais desafios exigem respostas urgentes, criativas e bem executadas, mas não segregadas. **Não há evidências que mostrem os benefícios de instituições segregadas. Por outro lado, estudos comprovam que a inclusão traz ganhos acadêmicos e socioemocionais para todos os estudantes.** *(grifo nosso)*

Por conta do Decreto nº 10.502, em outubro de 2020, a Rede Sustentabilidade ingressou com a ADPF (Arguição de Descumprimento de Preceito Fundamental) 751, e o Partido Socialista Brasileiro (PSB) ingressou com a ADI (Ação Direta de Inconstitucionalidade) 6590, questionando a incompatibilidade do texto normativo com o que prevê a Constituição Federal. Ambas as ações estão tramitando no Supremo Tribunal Federal e, no caso da ADI, já houve decisão liminar (referendada pelo Pleno do STF), suspendendo os efeitos desse decreto até decisão final.

Registre-se que muitas entidades representativas das pessoas com deficiência se habilitaram para atuar como *amicus curiae*[33], demonstrando o tamanho do impacto social e o quanto rechaçadas devem ser as mudanças propostas pelo decreto presidencial.

---

[33] http://portal.stf.jus.br/processos/detalhe.asp?incidente=6036507#peticoes. Acesso em: 24 fev. 2021.

Vamos, agora, pontuar alguns dos problemas do Decreto da Segregação:

Em primeiro lugar, podemos observar que o Decreto nº 10.502 foi editado **sem discussão, participação ou consulta das pessoas com deficiência**, pelo contrário, foi um ato autoritário e surpreendente do Executivo Federal.

O lema "nada sobre nós sem nós", além de mote dos movimentos de pessoas com deficiência no mundo todo, teve sua essência incorporada no texto da Convenção Internacional sobre os Direitos das Pessoas com Deficiência: o artigo 4, item 3[34] dispõe sobre o **direito das pessoas com deficiência de participarem de decisões, da elaboração e implementação de legislação e políticas nas quais sejam objeto de debate seus direitos humanos e liberdades fundamentais**.

Logo, a edição do decreto sem a oitiva dos próprios interessados afronta norma que tem equivalência de emenda constitucional.

Outra inconstitucionalidade do decreto é que ele INOVA a ordem jurídica, desrespeitando, assim, a função constitucional dos decretos presidenciais, que é de regulamentar para dar fiel execução às leis, conforme art. 84, IV, da Lei Maior. Tanto assim que na decisão do Pleno do STF, que referendou a liminar dada pelo Relator Min. Dias Toffoli, nos autos da ADI 6590, está claro:

---

[34] Artigo 4
Obrigações gerais
[...]
3. Na elaboração e implementação de legislação e políticas para aplicar a presente Convenção e em outros processos de tomada de decisão relativos às pessoas com deficiência, os Estados Partes realizarão consultas estreitas e envolverão ativamente pessoas com deficiência, inclusive crianças com deficiência, por intermédio de suas organizações representativas.

1. O Decreto nº 10.502/2020 inova no ordenamento jurídico. Seu texto não se limita a pormenorizar os termos da lei regulamentada (Lei de Diretrizes e Bases da Educação Nacional), promovendo a introdução de uma nova política educacional nacional, com o estabelecimento de institutos, serviços e obrigações que, até então, não estavam inseridos na disciplina educacional do país, sendo dotado de densidade normativa a justificar o cabimento da presente ação direta de inconstitucionalidade. [...]

Uma das mais graves inconstitucionalidades desse decreto é a que **retira o direito à educação escolar formal das pessoas com deficiência**. O art. 208, I, da Constituição **determina como obrigatória a educação básica**, dos quatro aos dezessete anos. Isso significa que TODAS as pessoas nessa idade devem estar inseridas na escola, para que, de acordo com a capacidade de cada um (art. 208, V), TODOS possam cumprir os objetivos determinados no art. 205, de pleno desenvolvimento humano, seu preparo para o exercício da cidadania e sua qualificação para o trabalho.

O Constituinte Originário quis dar igualdade de acesso e permanência a todas as pessoas (art. 206, I) e, nesse "todas" também estão as pessoas com deficiência (mais uma vez estamos a reforçar obviedades!).

Para que não houvesse dúvida em relação a esse direito à educação básica das pessoas com deficiência, colocou-se no texto constitucional a garantia de Atendimento Educacional Especializado (AEE), preferencialmente na rede regular de ensino (art. 208, III). Como já vimos, esse "preferencialmente" não pode ser interpretado equivocadamente, como se houvesse possibilidade de ensino segregado (pelo contrário, ele é um "plus" – o aluno com deficiência tem direito ao ensino comum SOMADO ao atendimento especializado. E o ensino comum só é possível na escola regular).

Percebam que a Educação Especial (ensino segregado) NÃO faz parte da educação básica. Colocar o aluno numa "classe especial" ou numa "escola especial" não lhe dá a educação escolar a que tem direito fundamental. **Só existem dois níveis de educação escolar no Brasil: educação básica e educação superior.** Assim como cursos livres, essa Educação Especial proposta e incentivada pelo Decreto não faz parte do sistema formal de ensino brasileiro. Logo, a classe especial impede a progressão do aluno na educação formal, segundo a sua capacidade, em clara afronta ao que a Constituição prevê.

É necessário frisar que "a legislação brasileira não comporta sistema paralelo de ensino para pessoas com deficiência por meio da substituição da EDUCAÇÃO BÁSICA pela EDUCAÇÃO ESPECIAL"[35].

Na ADI 6590, a decisão liminar também reconheceu:

> 2. A Constituição estabeleceu a garantia de atendimento especializado às pessoas com deficiência preferencialmente na rede regular de ensino (art. 208, inciso III). A Convenção Internacional sobre os Direitos das Pessoas com Deficiência – primeiro tratado internacional aprovado pelo rito legislativo

---

[35] A frase foi retirada da peça juntada aos autos (fls. 6 da petição), assinada pela advogada Vivian Regina de Carvalho Camargo, na qual o LEPED (Laboratório de Estudos e Pesquisas de Ensino e Diferença) da Faculdade de Educação da UNICAMP requer sua habilitação como *amicus curiae* na ADI 6590. Disponível em: < http://redir.stf.jus.br/estfvisualizadorpub/jsp/consultarprocessoeletronico/ConsultarProcessoEletronico.jsf?seqobjetoincidente=6036507>.

previsto no art. 5º, § 3º, da Constituição Federal e internalizado por meio do Decreto Presidencial nº 6.949/2009 – veio reforçar o direito das pessoas com deficiência à educação livre de discriminação e com base na igualdade de oportunidades, pelo que determina a obrigação dos estados partes de assegurar um sistema educacional inclusivo em todos os níveis. (Precedente: ADI nº 5.357/DF, Rel. Min. Edson Fachin, Tribunal Pleno, DJe de 11/11/2016)

3. O paradigma da educação inclusiva é o resultado de um processo de conquistas sociais que afastaram a ideia de vivência segregada das pessoas com deficiência ou necessidades especiais para inseri-las no contexto da comunidade. Subverter esse paradigma significa, além de grave ofensa à Constituição de 1988, um retrocesso na proteção de direitos desses indivíduos. *(grifamos)*

O Decreto da Segregação, ao tirar à exigência de matrícula obrigatória no ensino regular, escancara uma visão capacitista que norteia essas "novas" políticas do MEC, dizendo nas entrelinhas e/ou subliminarmente que o aluno com deficiência não precisa "tirar diploma", não precisa se formar.

Essa "nova" política educacional – o uso das aspas sempre que nos referirmos às novidades trazidas pelo Decreto 10.502/2020 ocorre em razão de, ironicamente, seu texto fazer a sociedade brasileira **retroceder a um paradigma de mais de trinta anos atrás** – é também incompatível com a Constituição Federal na medida em que viola a dignidade humana das pessoas com deficiência e seu direito de não serem vistas como "menos" (menos humanas, menos valorosas, menos capazes etc.). Não se pode esquecer que a dignidade humana é FUNDAMENTO de nossa República (art. 1º, III, da CF).

Além disso, é importantíssimo lembrar que o direito à educação inclusiva não é apenas das pessoas com deficiência, mas de TODOS os alunos, para que possam conviver num ambiente que acolhe e respeita a diferença. Então, o prejuízo do vigor desse Decreto excludente seria imenso!

O modelo de ensino segregacionista que fora previsto no Decreto 10.502/2020, internacionalmente considerado obsoleto e incompatível com o mundo contemporâneo, teve suas motivações (até então escondidas) expostas na fala (chocante) do Presidente da República Jair Bolsonaro, registrada pela imprensa, quando respondeu, em 06 de janeiro de 2021, a uma apoiadora que se disse "triste" com a suspensão do Decreto pelo STF:

> *O que acontece na sala de aula: você tem um garoto muito bom, você pode colocar na sala com os melhores. Você tem um garoto muito atrasado, você faz a mesma coisa. O pessoal acha que juntando tudo, vai dar certo. Não vai dar certo. A tendência é todo mundo ir na esteira daquele com menor inteligência. Nivela por baixo. É esse o espírito que existe no Brasil*[36].

Confesso que essa fala me remete à prática da eugenia e o pensamento que encontramos na História recente, no Século XX, sobre uma "raça ariana".

---

[36] https://www.correiobraziliense.com.br/politica/2021/01/4898782-bolsonaro-diz-ser-favoravel-a-separar-alunos-inteligentes-de-atrasados.html e
https://brasil.estadao.com.br/blogs/vencer-limites/bolsonaro-afirma-que--educacao-inclusiva-nivela-por-baixo/. Acesso em: 22 fev. 2021.

Algumas das perguntas que poderíamos fazer ao Chefe do Executivo Federal, diante desse discurso que demonstra, além de desconhecimento em relação ao que significa educação, o capacitismo e ignorância acerca da deficiência em grau máximo, são: "Atrasado" em relação a que e a quem? O que significa ser "um garoto muito bom"? E o que significa ser "um garoto muito atrasado"?

Dizer até onde qualquer pessoa pode chegar, a partir da sua visão de mundo, sem dúvida é capacitismo e um olhar muito estreito acerca da humanidade.

A educação escolar é muito mais do que decorar fórmulas e passar num vestibular! A educação visa o pleno desenvolvimento humano, visa a preparação para o exercício da cidadania e, só depois, a qualificação para o trabalho. **A escola ensina a ser e a conviver!** E as inteligências são múltiplas.

No Relatório Global de Monitoramento da Educação 2020, da Unesco, *"Inclusão e educação: Tudo significa tudo"*[37], tem-se a importante afirmação, destacada na "Análise da Educação para pessoas com deficiência, na perspectiva da educação inclusiva, considerando os parâmetros internacionais aplicáveis", da ONU – em relação ao Decreto nº 10.502/2020, colacionada no ANEXO II deste livro:

> O mundo se comprometeu com a educação inclusiva não por acaso, mas porque ela é a base de um sistema educacional de boa qualidade que permite a cada criança, jovem e adulto aprender e realizar seu potencial.
> *Gênero, idade, localização, pobreza, deficiência, etnia, língua, religião, situação migratória ou de*

---

[37] Disponível em: https://en.unesco.org/gem-report/report/2020/inclusion. Acesso em: 23 fev. 2021.

deslocamento, orientação sexual, identidade e expressão de gênero, encarceramento, crenças e atitudes não devem ser a base para a discriminação contra ninguém, na participação e experiência educacional. O pré-requisito é ver a diversidade do estudante não como um problema, mas como uma oportunidade. A inclusão não pode ser alcançada se for vista como um inconveniente ou se as pessoas acreditarem que os níveis de capacidade dos estudantes são estáticos. Os sistemas educacionais precisam ser responsivos às necessidades de todos os estudantes. (Grifo nosso)

O mundo reconheceu que a educação inclusiva é boa não só para quem tem deficiência! A tentativa de retroceder a uma realidade em que as pessoas com deficiência NÃO FAZIAM PARTE, ficavam em casa com suas famílias e deviam ser alvo de pena e caridade não pode ser permitida. Não podemos retroceder ao ciclo da não-participação[38]!

Educação Especial – segregada – é "educação café-com-leite": finge-se que o aluno com deficiência está inserido no sistema educacional, quando na verdade o que está acontecendo é a retirada do seu direito à educação formal

---

[38] "Expressão criada pela Escola de Gente, trata da discriminação e falta de consciência por parte da comunidade em relação às necessidades específicas de pessoas com deficiência. Frequentemente mantidas quase que "secretamente" em suas casas, não são percebidas pela comunidade onde vivem como parte dela, tornando-se uma população silenciosa e com extrema dificuldade para garantir seus direitos e exercer a cidadania, incluindo o cumprimento de deveres, como o voto. Em função da não participação de pessoas com deficiência nos processos da vida cotidiana, a comunidade não se preocupa em lhes prover o acesso a bens, direitos e serviços, contribuindo para que essa parcela da população brasileira continue sem exercer o seu direito à participação em qualquer decisão que lhes interesse direta ou indiretamente."
Disponível em: https://www.escoladegente.org.br/terminologia/C. Acesso em: 26 fev. 2021.

e o impedimento de alcançar maior desenvolvimento e autodeterminação.

No Congresso Nacional, tanto na Câmara dos Deputados[39] quanto no Senado Federal[40], tramitam projetos para suspender o Decreto nº 10.502 e há movimentos civis divulgando a campanha #RevogaDecreto10502 para pressionar os parlamentares a atuarem nesse sentido. Como exemplo, o Conselho Federal de Psicologia disponibilizou em seu site[41] um modelo de petição e os endereços eletrônicos de todos os Deputados e Senadores, separados por Estados, para que o interessado copie e envie a petição aos seus representantes.

Por fim, é necessário dizer que apesar da suspensão do Decreto nº 10.502, por decisão liminar do STF, na ADI 6590, precisamos continuar em alerta e lutando pelo não retrocesso, já que essa ação ainda precisa ser julgada definitivamente[42] e, infelizmente, foi noticiado nos autos do processo, em 11 de fevereiro de 2021 (*e-doc* nº 245), que o Executivo Federal está DESCUMPRINDO a ordem liminar, e continua agindo para implementar a "nova" política da Educação Especial[43].

---

[39] Foram apresentados até o momento: PDL 427/20, PDL 429/20, PDL430, PDL 431, PDL 433, PDL 434, PDL435, PDL 436, PDL 440, PDL 449, PDL 471 e PDL 482.

[40] Foram apresentados até o momento: PDL 437/2020 e 441/2020.

[41] https://site.cfp.org.br/revogadecreto10502/.

[42] Para os leitores que não são da área do Direito, a decisão liminar não é uma decisão final, mas provisória, enquanto tramita o processo, e pode ser modificada.

[43] http://redir.stf.jus.br/estfvisualizadorpub/jsp/consultarprocessoeletronico/ConsultarProcessoEletronico.jsf?seqobjetoincidente=6036507. Acesso em: 22 fev. 2021.

CONSIDERAÇÕES FINAIS

Construindo uma sociedade para TODOS!

Categorizar pessoas, separá-las em grupos é uma violência à natureza plural da humanidade.

Precisamos do outro e o outro precisa de nós! O ser humano evolui a partir da convivência em comunidade e esse direito não pode ser subtraído de ninguém. Assim, estar em contato com as diferenças faz bem e nos humaniza.

Ainda que estejamos vivenciando uma época estranha, em que a gentileza e a empatia têm perdido espaço para o "erigir de preconceitos", travestidos de "opiniões" e "eloquência de redes sociais", temos de acreditar que é possível transformar o mundo num lugar melhor (mesmo que seja o nosso mundo – nossa rede de influência e convivência).

Dentro da lógica capacitista, a visão assistencialista/caritativa faz com que pessoas sem deficiência se sintam "bem consigo mesmas" quando ajudam alguma instituição de pessoas com deficiência ou ainda quando pensam "deixa os coitadinhos serem parte". Aliviam a consciência e satisfazem seu ego, se sentem melhor e, intimamente, mais capazes do que quem tem deficiência.

Mas, o que essas pessoas não percebem é que elas também vão precisar da sociedade inclusiva. Como vimos, com o passar da idade, crescem as chances de o indivíduo ter alguma deficiência adquirida e/ou, no mínimo, sua mobilidade reduzida.

Ninguém quer ser visto sob olhares de pena...

Não estou a dizer que não devemos ajudar instituições ou pessoas, pelo contrário, digo que temos de ir bem além disso, mudando a forma de enxergar a deficiência, entendendo aquele que tem deficiência como sujeito de direitos e deveres e que tem igual dignidade.

Solidariedade é diferente de olhar assistencialista!

É sempre bom lembrar que todos são iguais em dignidade pelo simples fato de serem humanos e, por isso, não se pode admitir que alguém olhe para o outro enxergando alguém de menor valor.

Quanta arrogância achar que é melhor ou mais capaz que outro... As capacidades e inteligências são muitas e múltiplas.

Além disso, é sabido que a Constituição Federal traz, entre seus princípios, a justiça social (que é bem diferente de assistência social) e é assim que se pensa numa sociedade para TODOS. Uma sociedade que seja justa, livre e solidária, sem preconceitos e discriminações, como vislumbrou o Constituinte de 1988.

A sociedade brasileira não tem justificativa para não cumprir a Constituição: temos direito de ser quem somos e direito de não sermos questionados, diminuídos, discriminados ou excluídos por isso.

Cada um de nós é único!

E não basta apenas respeitar a diferença. É preciso entender que a diversidade faz parte da família humana e que a deficiência é somente mais uma das características que a pessoa pode ter.

Vimos que é estrutural o capacitismo, então, também não basta não ser capacitista, é necessário ser anticapacitista.

É imperativo, assim, exercer a cidadania responsavelmente solidária e atentar para a solidariedade como um dever constitucional.

A mudança de paradigma acerca de como vemos e vivemos com a diferença é possível e necessária. Essa transformação deve começar a partir da escola.

A instituição de ensino que cumpre seu papel constitucional é aquela que, em meio à diversidade, dá condições de pleno desenvolvimento humano, prepara para o exercício da cidadania (que implica em responsabilidade social) e qualifica para o trabalho. Ou seja, tem de ser uma escola que receba a TODOS, pois dentre os pilares da educação estão o "aprender a ser" e o "aprender a conviver".

Então, repetimos: a escola inclusiva é direito de TODOS os alunos (e não só dos que têm deficiência). Você e eu somos responsáveis pelo futuro... O que podemos fazer para melhorá-lo?

Dissemos e reiteramos que o Brasil tem uma das legislações mais avançadas do mundo no que tange aos direitos das pessoas com deficiência. Passou da hora de militarmos pela continuação da concretização desses direitos. E não permitamos jamais a retirada de nenhum deles, afinal, foram duramente conquistados.

Inclusão, portanto, não é favor nem bondade: é direito! E é dever de TODOS (além de ser para TODOS).

MINI GLOSSÁRIO

Terminologias
ligadas à deficiência

ACESSIBILIDADE

Possibilidade e condição de alcance para utilização, com segurança e autonomia, de espaços, mobiliários, equipamentos urbanos, edificações, transportes, informação e comunicação, inclusive seus sistemas e tecnologias, bem como de outros serviços e instalações abertos ao público, de uso público ou privado de uso coletivo, tanto na zona urbana como na rural, por pessoa com deficiência ou com mobilidade reduzida.

ACESSIBILIDADE ARQUITETÔNICA

Define um espaço sem barreiras físicas. Seu conceito é utilizado em residências, edifícios, espaços e equipamentos urbanos, assim como transportes públicos ou privados.

ACESSIBILIDADE ATITUDINAL

Define uma atitude sem preconceitos, estigmas, estereótipos e discriminações em relação a indivíduos ou grupos sociais.

ACESSIBILIDADE COMUNICACIONAL

Define a ausência de barreiras na comunicação escrita, virtual e face a face.

ACESSIBILIDADE INSTRUMENTAL

Define a possibilidade do uso, por qualquer indivíduo, de instrumentos, utensílios e ferramentas de estudo, recreação e trabalho.

ACESSIBILIDADE METODOLÓGICA

Define a ausência de barreiras em métodos e técnicas de educação, estudo, trabalho e ações sociais.

ACESSIBILIDADE PROGRAMÁTICA
Define a ausência de barreiras embutidas em políticas públicas (leis, decretos, portarias etc.), normas e regulamentos (institucionais, empresariais etc.).

ACESSIBILIDADE TECNOLÓGICA
Não é uma forma de acessibilidade específica. Deve permear as demais.

ADAPTAÇÕES RAZOÁVEIS
São adaptações, modificações e ajustes necessários e adequados, a fim de assegurar que a pessoa com deficiência possa gozar ou exercer, em igualdade de condições e oportunidades com as demais pessoas, todos os direitos e liberdades fundamentais;

AJUDAS TÉCNICAS
Define as tecnologias e equipamentos de assistência capazes de contribuir para o pleno desenvolvimento das potencialidades de crianças, adolescentes, jovens, adultos e idosos com limitações físicas, intelectuais, sensoriais e múltiplas. Elas possibilitam a equiparação de oportunidades, autonomia e qualidade de vida. A maioria das técnicas demanda mais criatividade do que grandes investimentos.

BAIXA VISÃO
Situação que se refere a pessoas que tenham acuidade visual entre 0,3 e 0,05 em seu melhor olho, com a melhor correção óptica.

BARREIRAS
Qualquer entrave, obstáculo, atitude ou comportamento que limite ou impeça a participação social da pessoa, bem

como o gozo, a fruição e o exercício de seus direitos à acessibilidade, à liberdade de movimento e de expressão, à comunicação, ao acesso à informação, à compreensão, à circulação com segurança, entre outros, classificadas em:

a) barreiras urbanísticas: as existentes nas vias e nos espaços públicos e privados abertos ao público ou de uso coletivo;

b) barreiras arquitetônicas: as existentes nos edifícios públicos e privados;

c) barreiras nos transportes: as existentes nos sistemas e meios de transportes;

d) barreiras nas comunicações e na informação: qualquer entrave, obstáculo, atitude ou comportamento que dificulte ou impossibilite a expressão ou o recebimento de mensagens e de informações por intermédio de sistemas de comunicação e de tecnologia da informação;

e) barreiras atitudinais: atitudes ou comportamentos que impeçam ou prejudiquem a participação social da pessoa com deficiência em igualdade de condições e oportunidades com as demais pessoas;

f) barreiras tecnológicas: as que dificultam ou impedem o acesso da pessoa com deficiência às tecnologias

BRAILLE OU BRAILE

Sistema de leitura por meio do tato que reproduz o alfabeto em caracteres impressos em relevo no papel. Utilizado por pessoas cegas, principalmente por aquelas que nasceram cegas ou ficaram cegas na infância, o braile foi inventado pelo francês Louis Braille em 1829, a partir da percepção de que era possível utilizar a polpa digital para se distinguir pequenas diferenças de posicionamento entre dois relevos diferentes. No sistema braile, a leitura é feita a partir de seus pontos em relevo que se combinam para formar letras, pontuações, algarismos, sinais algébricos e notas musicais. Em 10/07/2005, a Comissão Brasileira do Braille (CBB) recomendou a grafia braille, com "b" minúsculo e dois "l" (éles), respeitando a forma original francesa, internacionalmente empregada (DUTRA, 2005). Também é correto o uso da palavra braile com apenas um "l", que foi aportuguesada do vocábulo francês.

CAPACITISMO
A discriminação, o preconceito e a opressão em relação às pessoas com deficiência são formas de capacitismo.

O capacitismo está para as pessoas com deficiência assim como o racismo para as pessoas negras.

As atitudes capacitistas são aquelas que, em razão do preconceito e/ou violência, tentam hierarquizar as pessoas em função da adequação de seus corpos, enxergando os corpos com deficiência como sendo incapazes.

CEGO(A)
Pessoa cuja acuidade visual é igual ou menor que 0.05 no seu melhor olho, mesmo com a melhor correção óptica.

CICLO DA NÃO-PARTICIPAÇÃO
Expressão criada pela Escola de Gente, trata da discriminação e falta de consciência por parte da comunidade em relação às necessidades específicas de pessoas com deficiência. Frequentemente mantidas quase que "secretamente" em suas casas, não são percebidas pela comunidade onde vivem como parte dela, tornando-se uma população silenciosa e com extrema dificuldade para garantir seus direitos e exercer a cidadania, incluindo o cumprimento de deveres, como o voto. Em função da não participação de pessoas com deficiência nos processos da vida cotidiana,

a comunidade não se preocupa em lhes prover o acesso a bens, direitos e serviços, contribuindo para que essa parcela da população brasileira continue sem exercer o seu direito à participação em qualquer decisão que lhes interesse direta ou indiretamente.

COMUNICAÇÃO

Forma de interação dos cidadãos que abrange, entre outras opções, as línguas, inclusive a Língua Brasileira de Sinais (Libras), a visualização de textos, o braille, o sistema de sinalização ou de comunicação tátil, os caracteres ampliados, os dispositivos multimídia, assim como a linguagem simples, escrita e oral, os sistemas auditivos e os meios de voz digitalizados e os modos, meios e formatos aumentativos e alternativos de comunicação, incluindo as tecnologias da informação e das comunicações.

DEFICIÊNCIA

A deficiência é uma situação resultante da interação entre um ser humano que tem uma determinada limitação e o ambiente em que vive ou está naquele instante. Deficiência é a terminologia genérica para englobar toda e qualquer deficiência, definida por tipos: sensorial (relacionada aos sentidos - audição e visão; física (relacionada aos movimentos, não importa a origem e a gravidade da lesão); intelectual (relacionada ao funcionamento das atividades cerebrais que se expressam na chamada inteligência) e múltipla (mais de um tipo de deficiência na mesma pessoa). Assim, o conjunto de termos mundialmente aceitos, inclusive para fins estatísticos são: deficiência auditiva, deficiência física, deficiência intelectual, deficiência visual e deficiência múltipla.

DEFICIÊNCIA INTELECTUAL

Antes chamada de deficiência mental, não é propriamente uma doença, mas sim um sintoma de condições como a Síndrome de Down. Adotada em 2004, a terminologia qualifica as pessoas nessas condições de acordo com o apoio que recebe para seu funcionamento social, profissional ou estudantil.

DEFICIÊNCIA MÚLTIPLA

É o caso de pessoas que têm mais de uma deficiência, em algum grau de combinação, por exemplo: física + intelectual, auditiva + visual etc.

DEFICIENTE

Termo inadequado, pois valoriza a deficiência em detrimento da pessoa. Não se deve usá-lo como um substantivo e sim como adjetivo. Por exemplo: "os deficientes jogam bola" deve ser trocado por "as pessoas deficientes físicas jogam bola". Dessa forma, aponta-se apenas um aspecto de sua vida que apresenta a deficiência, o que não os exclui da convivência social ou anula suas qualidades.

DESENHO UNIVERSAL

Concepção de produtos, ambientes, programas e serviços a serem usados por todas as pessoas, sem necessidade de adaptação ou de projeto específico, incluindo os recursos de tecnologia assistiva.

DISCRIMINAÇÃO EM RAZÃO DA DEFICIÊNCIA

Significa qualquer diferenciação, exclusão ou restrição baseada em deficiência, com o propósito ou efeito de impedir ou impossibilitar o reconhecimento, o desfrute ou o exercício, em igualdade de oportunidades com as demais pessoas, de todos os direitos humanos e liberdades fundamentais nos âmbitos político, econômico, social, cultural, civil ou qualquer outro. Abrange todas as formas de discriminação, inclusive a recusa de adaptação razoável.

DIVERSIDADE HUMANA

As deficiências são manifestações inseridas no contexto da diversidade humana, conceito sustentado pela certeza de que a existência encontra infinitas formas de se manifestar. A diversidade humana é o que caracteriza nossa espécie e legitima a crença de que todos têm o direito de plena participação social.

EDUCAÇÃO INCLUSIVA

Expressão banalizada nos últimos anos e equivocadamente associada apenas à simples presença de estudantes com deficiência em escolas comuns. A educação inclusiva deve ser entendida como o direito à educação de toda criança e adolescente, uma vez que a escola transmite muito mais que conhecimento: ensina valores como tolerância e solidariedade que também fazem parte do aprendizado.

A escola deve fornecer tudo que for necessário para o desenvolvimento de todos os alunos (o que significa atentar para as necessidades individuais de tecnologia assistiva etc.).

Toda pessoa tem direito de conviver com a diversidade desde a mais tenra idade. Para que a educação seja realmente inclusiva é preciso que, além da convivência com a diferença, sejam fornecidos todos os meios, apoios e suportes técnicos necessários para que todos os alunos possam desenvolver suas habilidades.

ESTEREÓTIPO
Tem funcionamento que pode ser comparado ao de um simples carimbo. Uma vez 'carimbados' os membros de determinado grupo como possuidores deste ou daquele 'atributo', as pessoas deixam de avaliar os membros desses grupos pelas suas reais qualidades e passam a julgá-los pelo carimbo. Exemplo: todo judeu é sovina; todo japonês é introspectivo; todo português é burro.

ESTIGMA
É uma característica de um indivíduo considerada negativa pela sociedade e a partir da qual se tende a construir toda a sua identidade social, negando-lhe sua individualidade e se sobrepondo a suas qualidades e defeitos. A deficiência ainda é vista como um estigma, assim como viver com o vírus HIV. A estigmatização constitui uma violação dos direitos humanos e é potencialmente discriminatória.

LIBRAS
É reconhecida como meio legal de comunicação e expressão.
Entende-se como Língua Brasileira de Sinais – Libras – a forma de comunicação e expressão, em que o sistema linguístico de natureza visual-motora, com estrutura gramatical própria, constitui um sistema linguístico de transmissão de ideias e fatos, oriundos de comunidades de pessoas surdas do Brasil.

LÍNGUA
Abrange as línguas faladas e de sinais e outras formas de comunicação não falada.

NORMALIDADE
No âmbito das reflexões sobre diversidade e diferenças humanas, a expressão normalidade não cabe. Prefira usar pessoa sem deficiência. Pela mesma razão, não usar expressões como defeituoso, incapacitado e inválido para se referir a alguém com deficiência.

PARALISIA CEREBRAL
É uma condição que resulta da ausência de oxigenação em partes do cérebro que controlam as funções motoras que acontece, geralmente, durante a gestação ou no momento do parto. Ela se manifesta de diversas formas e graus de interferência nos movimentos e equilíbrio da pessoa. Não pode ser classificada como "total" ou "parcial".

PESSOA COM DEFICIÊNCIA
Pessoas com deficiência são aquelas que têm impedimentos de longo prazo de natureza física, mental, intelectual ou sensorial, os quais, em interação com diversas barreiras, podem obstruir sua participação plena e efetiva na sociedade em igualdades de condições com as demais pessoas.

PESSOA COM MOBILIDADE REDUZIDA
Pessoa que tenha, por qualquer motivo, dificuldade de movimentação, permanente ou temporária, gerando redução efetiva da mobilidade, da flexibilidade, da coordenação motora ou da percepção, incluindo idoso, gestante, lactante, pessoa com criança de colo e obeso.

PRECONCEITO
É uma indisposição, um julgamento prévio, negativo, que se faz de pessoas estigmatizadas por estereótipos.

SURDO(A)

O termo deve ser usado como adjetivo. Assim teríamos uma pessoa surda ou indivíduo surdo. Não utilizar "surdo-mudo", já que no ponto de vista da diversidade humana, não podemos considerar a linguagem oral como a principal ou mais valorizada. Uma pessoa surda pode, por exemplo, utilizar a linguagem oral, assim como a Libras, a Língua Brasileira de Sinais.

A pessoa surda tem, normalmente, Libras como sua primeira língua, o que não os impede, por exemplo, de utilizar o Português também. Ao contrário do deficiente auditivo, que tem o Português como primeira língua, embora possa se valer da Libras também.

SURDO(A)-MUDO(A)

Expressão inadequada e que não deve ser utilizada. Sob a ótica da diversidade humana é natural existirem múltiplas formas de comunicação entre seres da nossa espécie, sendo impossível compará-las como "a mais humana" ou a "menos humana". O fato de a maioria das pessoas "falarem pela boca" não nos dá o direito de considerar esta forma de expressão como o modelo. Esta é uma visão integradora, pois favorece a comparação entre condições humanas. Para se referir a alguém da comunidade surda, que utiliza exclusivamente a Língua de Sinais, utilize a expressão **surdo(a) não oralizado**.

TECNOLOGIA ASSISTIVA

Tecnologia assistiva ou ajuda técnica: produtos, equipamentos, dispositivos, recursos, metodologias, estratégias, práticas e serviços que objetivem promover a funcionalidade, relacionada à atividade e à participação da pessoa com deficiência ou com mobilidade reduzida, visando à sua autonomia, independência, qualidade de vida e inclusão social.

Fontes: www.escoladegente.org.br, texto da Convenção Internacional sobre os Direitos das Pessoas com Deficiência, texto da Lei Brasileira de Inclusão, texto da Lei nº 10.436/2002 e no texto do Programa Nacional de Direitos Humanos. Brasil. Gênero e raça: todos pela igualdade de oportunidades: teoria e prática.

REFERÊNCIAS

ALMEIDA, Silvio Luiz de. **Racismo Estrutural**. São Paulo: Sueli Carneiro; Pólen, 2019.

ALVES, Rubem. **Carta aos Pais**. Publicada originalmente no Correio Popular, edição de 09 de fevereiro de 2003.

ARAUJO, Luiz Alberto David. Acesso ao emprego – Discriminação em razão da deficiência – O acesso ao emprego e a proteção processual em defesa da igualdade. *In*: ROMAR, Carla Teresa Martins; SOUSA, Otávio Augusto Reis de. **Temas relevantes de direito material e processual do trabalho**: estudos em homenagem ao Professor Pedro Paulo Teixeira Manus. São Paulo: LTr, 2000.

ARAUJO, Luiz Alberto David. **A proteção constitucional das pessoas portadoras de deficiência**. 4. ed. Brasília: CORDE, 2011a.

ARAUJO, Luiz Alberto David. **A proteção constitucional do transexual**. São Paulo: Saraiva, 2000.

ARAUJO, Luiz Alberto David. **Barrados: pessoas com deficiência sem acessibilidade**: como, o quê e de quem cobrar. Petrópolis: KBR, 2011b.

ARAUJO, Luiz Alberto David *et al*. **Defesa dos direitos das pessoas portadoras de deficiência**. São Paulo: Revista dos Tribunais, 2006.

ARAUJO, Luiz Alberto David; NUNES JÚNIOR, Vidal Serrano. **Curso de Direito Constitucional**. 11. ed. São Paulo: Saraiva, 2007.ASSIS, Olney Queiroz; POZZOLI, Lafayette. **Pessoa portadora de deficiência**: direitos e garantias. 2. ed. São Paulo: Damásio de Jesus, 2005.

ASSMANN, Hugo. **Reencantar a Educação**: Rumo à sociedade aprendente. 12. ed. Petrópolis: Vozes, 2012.

BARROSO, Luís Roberto. **Curso de direito constitucional contemporâneo**: os conceitos fundamentais e a construção do novo modelo. 2. ed. São Paulo: Saraiva, 2010.

BASTOS, Celso Ribeiro. **Curso de Direito Constitucional**. 22. ed. São Paulo: Saraiva, 2001.

BETTO, Frei. A escola dos meus sonhos. Sua Escola a 2000 por hora. **Instituto Ayrton Senna**, São Paulo. Disponível em: <http://www.escola2000.org.br/pesquise/texto/textos_art.aspx?id=10>. Acesso em: 10 jan. 2008.

BRASIL. IBGE. **Censo Demográfico 2010**: características gerais da população, religião e pessoas com deficiência. IBGE, Rio de Janeiro, 2010. Disponível em: http://www.ibge.gov.br/home/estatistica/populacao/censo2010/caracteristicas_religiao_deficiencia/default_caracteristicas_religiao_deficiencia.shtm. Acesso em: 01 dez. 2018.

BRASIL. Ministério do Planejamento, Orçamento e Gestão. **Censo demográfico 2000**. IBGE. Disponível em: http://www.ibge.gov.br/home/presidencia/noticias/27062003censo.shtm. Acesso em: 05 dez. 2014.

BRASIL. Programa Nacional de Direitos Humanos. Brasil. **Gênero e raça: todos pela igualdade de oportunidades**: teoria e prática. Brasília: MTb, Assessoria, 1998.

CANOTILHO, José Joaquim Gomes. **Direito constitucional e teoria da constituição**. 3. ed. Coimbra: Almedina, 1999.

CHALITA, Gabriel Benedito Isaac. **Educação**: a solução está no afeto. São Paulo: Gente, 2001.

DELORS, Jaques. **Learning: the treasure within**; report to UNESCO of the International Commission on Education for the Twentyfirst Century (highlights), Paris: UNESCO,1996. Disponível em: https://unesdoc.unesco.org/ark:/48223/pf0000215631?posInSet=1&queryId=1a92bb9a-01f6-4399-9249-45ca5ccbc120 . Versão em português.

DINIZ, Marcio Augusto de Vasconcelos. Estado Social e princípio da solidariedade. **Revista de Direitos e Garantias Fundamentais**, Vitória, n. 3, p. 31-48, jul./dez. 2008.

BRASIL. ESTADO DE SÃO PAULO. RELATÓRIO Mundial sobre a deficiência. São Paulo: Governo do Estado. Secretaria de Direitos da Pessoa com Deficiência, 2012. ONUBR, Nações Unidas no Brasil. Disponível em: http://uniapae.apaebrasil.org.br/wp-content/uploads/2019/10/RELAT%-C3%93RIO-MUNDIAL-SOBRE-A-DEFICI%C3%8ANCIA.pdf . Acesso em: 28. dez. 2020.

FARIAS, José Fernando de Castro. **A origem do direito de solidariedade**. Rio de Janeiro: Renovar, 1998.

FÁVERO, Eugênia Augusta Gonzaga. **Direitos das pessoas com deficiência**: garantia de igualdade na diversidade. Rio de Janeiro: WVA, 2004.

FERRAZ, Ricardo. **Visão e Revisão – Conceito e Preconceito**. 3. ed. São Paulo: Bangraf, 2006.

FIGUEIRA, Emílio. **Caminhando em silêncio – As pessoas com deficiência na História do Brasil**. 4. ed. rev. e ampl. Joinvile: Clube de Autores, 2020.

FONSECA, Ricardo Tadeu Marques da. **A reforma constitucional empreendida pela ratificação da Convenção sobre os Direitos da Pessoa com Deficiência aprovada pela Organização das Nações Unidas.**

Disponível em: file:///C:/Users/usuario/Documents/ARTIGOS%202020/Livro%20Alvaro/a_reforma_constitucional_empreendida_pela_ratificacao_da_convencao_sobre_os_direitos_da_pessoa_com_deficiencia_aprovada_pela_organizacao_das_nacoes_unidas.pdf .

FONSECA, Ricardo Tadeu Marques da. O novo conceito constitucional de pessoa com deficiência: um ato de coragem. *In*: FERRAZ, Carolina Valença *et. al*. **Manual dos direitos da pessoa com deficiência**. São Paulo: Saraiva, 2012.

FONSECA, Ricardo Tadeu Marques da. **O trabalho da pessoa com deficiência e a lapidação dos direitos humanos**: o direito ao trabalho, uma ação afirmativa. São Paulo: LTr, 2006.

FREIRE, Paulo. **Pedagogia da Solidariedade**. São Paulo: Paz e Terra, 2014.

GODOI, Marciano Seabra. Tributo e solidariedade social. *In*: GRECO, Marco Aurélio; GODOI, Marciano Seabra de. **Solidariedade social e tributação**. São Paulo: Dialética, 2005.

GRECO, Marco Aurélio. Solidariedade social e tributação. *In*: GRECO, Marco Aurélio; GODOI, Marciano Seabra de. **Solidariedade social e tributação**. São Paulo: Dialética, 2005.

GUGEL, Maria Aparecida. **Pessoas com deficiência e o direito ao concurso público**. Goiânia: UCG, 2006.

HORTON, Myles; FREIRE, Paulo. **O caminho se faz caminhando**: conversas sobre educação e mudança social. Organização de Brenda Bell, John Gaventa e John Peters; tradução de Vera Lúcia Mello Josceline; notas de Ana Maria Araújo Freire. 6. ed. Petrópolis: Vozes, 2011.

HOUAISS, Antônio (Ed.). **Grande dicionário Houaiss da Língua Portuguesa.** UOL, Instituto Antônio Houaiss, 2012. Disponível em: https://houaiss.uol.com.br/corporativo/apps/uol_www/v5-4/html/index.php#1. Acesso em: 04 fev. 2021.

KANT, Immanuel. **Fundamentação à metafísica dos costumes.** Lisboa: Edições 70, 2005.

LORA ALARCÓN, Pietro de Jesús. A dignidade da pessoa humana e o direito à educação na Constituição Federal de 1988. *In*: SEGALLA, José Roberto Martins; ARAUJO, Luiz Alberto David (Coord.). **15 anos da Constituição Federal**: em busca da efetividade. Bauru: EDITE, 2003.

LORA ALARCÓN, Pietro de Jesus. **Ciência política, Estado e direito público**: uma introdução ao direito público na contemporaneidade. São Paulo: Verbatim, 2011.

LORA ALARCÓN, Pietro de Jesús. **Patrimônio genético humano e sua proteção na Constituição Federal de 1988.** São Paulo: Método, 2004.

MADRUGA, Sidney. **Pessoas com deficiência e direitos humanos**: ótica da diferença e ações afirmativas. São Paulo: Saraiva, 2013.

MANTOAN, Maria Teresa Eglér. **Pensando e fazendo educação de qualidade.** São Paulo: Moderna, 2001.

MATURANA, Humberto. **Emoções e linguagem na Educação e na política.** Tradução de José Fernando Campos Fortes. Belo Horizonte: UFMG, 2009.

MELLO, Anahi. Guedes de. Deficiência, incapacidade e vulnerabilidade: do capacitismo ou a preeminência capacitista e biomédica do Comitê de Ética em Pesquisa da UFSC. **Ciênc. saúde coletiva**, Rio de Janeiro, v. 21, n. 10, out. 2016.

MELO, Osvaldo Ferreira de. Sobre direitos e deveres de solidariedade. **Revista do Instituto de Pesquisas e Estudos**: divisão jurídica, Bauru, v. 42, n. 49, p. 137-148, jan./jun. 2008.

NABAIS, José Casalta. Solidariedade social, cidadania e Direito Fiscal. *In*: GRECO, Marco Aurélio; GODOI, Marciano Seabra de. **Solidariedade social e tributação**. São Paulo: Dialética, 2005.

PASTORE, José. **Oportunidades de trabalho para portadores de deficiência**. São Paulo: LTr, 2000.

PERRI, Adriana. Escola Cidadã. **Sentidos**, São Paulo, v. 6, n. 32, p. 40-43, dez./jan. 2005/2006.

PIOVESAN, Flávia. Proteção Internacional dos direitos econômicos, sociais e culturais. *In*: SARLET, Ingo Wolfgang (Org.). **Direitos fundamentais sociais**: estudos de direito constitucional, internacional e comparado. Rio de Janeiro: Renovar, 2003.

RAGAZZI, José Luiz; ARAUJO, Luiz Alberto David. A proteção constitucional das pessoas portadoras de deficiência. **Revista do Advogado**, São Paulo, v. 27, n. 95, dez. 2007.

RAPOZO, Joana Tavares da Silva. **Limites do princípio da solidariedade na instituição de contribuições sociais**. Rio de Janeiro: Renovar, 2009.

ROCHA, Cármen Lúcia Antunes. O princípio da dignidade da pessoa humana e a exclusão social. *In*: CONFERÊNCIA NACIONAL DA ORDEM DOS ADVOGADOS DO BRASIL, 17.,1999, Rio de Janeiro. **Anais**..., Brasília, DF: OAB; Conselho Federal, 2000, 69-92.

ROSSO, Paulo Sergio. Solidariedade e direitos fundamentais na Constituição Brasileira de 1988. *In*: CONPEDI, Manaus, 2013. **Anais**..., CONPEDI, 2013. Disponível em: http://www.

publicadireito.com.br/conpedi/manaus/arquivos/anais/bh/paulo_sergio_rosso.pdf.

SACCHETTO, Cláudio. O dever de solidariedade no direito tributário: o Ordenamento Italiano. In: GRECO, Marco Aurélio; GODOI, Marciano Seabra de. **Solidariedade social e tributação**. São Paulo: Dialética, 2005.

SASSAKI, Romeu Kazumi. Nada sobre nós, sem nós: Da integração à inclusão – Parte 1. **Revista Nacional de Reabilitação**, ano X, n. 57, jul./ago. 2007.

SEGALLA, Juliana Izar Soares da Fonseca; MARTA, Taís Nader. **Direito à educação inclusiva**: um direito de TODOS. São Paulo: Verbatim, 2013.

STREIDER, Roque. **Educar para a iniciativa e a solidariedade**. Unijuí: Editora Unijuí, 2004.

TEIXEIRA, Anísio Spínola. **Educação é um direito**. 3. ed. Rio de Janeiro: UFRJ, 2004.

WERNECK, Claudia. **Manual sobre desenvolvimento inclusivo**. Rio de Janeiro: WVA, 2005.

WERNECK, Claudia. **Ninguém mais vai ser bonzinho na sociedade inclusiva**. Rio de Janeiro: WVA, 2000.

WERNECK, Claudia. **Você é gente? O direito de nunca ser questionado sobre o seu valor humano**. Rio de Janeiro: WVA, 2003.

YAMASHITA, Douglas. Princípio da Solidariedade em Direito Tributário. In: GRECO, Marco Aurélio; GODOI, Marciano Seabra de. **Solidariedade social e tributação**. São Paulo: Dialética, 2005.

ANEXO I

Rede-In

Imo. Sr.
Jan Jarab
Representante Regional para América do Sul do Escritório do Alto Comissariado das Nações Unidas para os Direitos Humanos

Assunto: Posicionamento do Alto Comissariado sobre a inconstitucionalidade do Decreto nº 10.502, de 30 de setembro de 2020, que institui a nova Política Nacional de Educação Especial (PNEE).

Ilmo. Senhor Representante Regional,

No último dia 30 as pessoas com deficiência, suas organizações representativas (OPDs) e toda a sociedade foram surpreendidas com a edição, pelo Presidente da República, do Decreto nº 10.502/2020, que institui nova política para a educação especial que viola os direitos humanos de estudantes com deficiência, uma vez que, entre outros pontos, legitima sua exclusão e segregação em classes eescolas especiais, em claro descumprimento dos ditames da Constituição da República e da Convenção sobre os Direitos das Pessoas com Deficiência.

O Brasil é signatário dessa Convenção e do seu Protocolo Facultativo desde 30 de março de 2007. Em 2008 o Governo brasileiro

os aprovou por meio do Decreto Legislativo nº 186, de 9 de julho de 2008, conforme o procedimento do §
3º do art. 5º da Constituição Federal, o que conferiu às suas disposições a equivalência de emenda constitucional. O instrumento de ratificação dos referidos atos foi depositado junto ao Secretário-Geral das Nações Unidas em 1º de agosto de 2008. Por meio do Decreto nº 6.949, de 25 de agosto de 2009, o país promulgou essaConvenção e o seu Protocolo Facultativo, o que desencadeou o início de sua vigênciano plano interno.

A Convenção sobre os Direitos das Pessoas com Deficiência impõe aos Estados Partes o dever de observar os seus princípios e de assegurar sistema educacional inclusivo em todos os níveis (Artigos 3 e 24). O Comentário Geral nº 4 (2016) do Comitê de monitoramento da Convenção sobre os Direitos da Pessoa com Deficiência, ao tratar do direito à educação inclusiva, afirmou expressamente que modelos que contemplam escolas ou classes exclusivas para estudantes com deficiência não são modelos inclusivos.

Alinhada à Lei nº 13.146/2015 (Lei Brasileira de Inclusão da Pessoa com Deficiência) e à Convenção sobre os Direitos das Pessoas com Deficiência (CDPD) – cuja equivalência constitucional já foi afirmada pelo Plenário do Supremo Tribunal Federal –, foi adotada em 2008, com ampla participação da sociedade civil, a Política Nacional de Educação Especial na Perspectiva Inclusiva - PNEEPEI, que representou avanços significativos na inclusão escolar de estudantes brasileiros, mas tende, agora, a ser desconsiderada em razão da edição da "nova" Política Nacional de Educação Especial, instituída pelo Decreto 10.502/2020. Aquela Política também se mostra em consonância com o inciso I do artigo 208 da Constituição da República, que garante a toda criança o "direito à educação básica obrigatória e gratuita dos 4 (quatro) aos 17 (dezessete) anos de idade". Trata-se de um compromisso incondicionalmente inclusivo, porque não possibilita que crianças e adolescentes, em razão da sua deficiência, tenham o seu direito à educação obstado. Segundo a PNEEPEI (2008), os estudantes da educação especial têm o direito de estudar, com as demais crianças e adolescentes da família e da vizinhança, na mesma escola e nas mesmas classes da escola regular. A partir dela foi viabilizada a inclusão de 87% de estudantes com deficiência em escolas comuns brasileiras, taxa que, a partir da edição do Decreto em comento, inequivocamente regredirá.

De outro lado, a Convenção estabelece o direito das pessoas com deficiência participarem da elaboração e implementação de legislação e políticas nos quais sejam objeto de debate seus direitos humanos e liberdades fundamentais (Artigo 4, item 3). O Decreto nº 10.502/2020, entretanto, foi editado sem qualquer consulta prévia às pessoas com deficiência e suas organizações representativas – consideradas como tais aquelas organizadas na forma do Comentário Geral nº 7 do Comitê de monitoramento da Convenção sobre os Direitos da Pessoa com Deficiência (2018) – contrariando também o citado Artigo 4.3.

Os retrocessos impostos pelo Decreto nº 10.502/2020 desencadearam um repúdio geral, manifestado por centenas de organizações da sociedade civil, por todos os Ministérios Públicos dos Estados, pelo Conselho Nacional dos DireitosHumanos - CNDH, pelo Conselho Nacional de Saúde - CNS e pela Comissão dos Direitos da Pessoa com Deficiência do Conselho Federal da Ordem dos Advogados do Brasil, que instaurou procedimento administrativo acerca do tema, bem como por questionamentos perante o Congresso Nacional e o Supremo Tribunal Federal, nesse último caso, por parte do Partido Rede Sustentabilidade e do Grupo de Atuação Estratégica das Defensorias Públicas.

Ante os retrocessos gerados pela "nova" Política, instituída por esse Decreto – o qual, de forma inconstitucional, faz ressurgir práticas discriminatórias, excludentes e segregacionistas já não admitidas desde a PNEEPEI (2008) e a promulgação da Convenção no Brasil (2009) –, solicitamos a manifestação do Sr. Representante Regional para América do Sul do Escritório do Alto Comissariado das Nações Unidas para os Direitos Humanos.

Atenciosamente,

Rede Brasileira de Inclusão da Pessoa com Deficiência - Rede-In*

***Organizações que compõem a Rede-In** Federação Brasileira das Associações de Síndrome de Down – FBASD; Associação Nacional de Membros(as) do Ministério Público em Defesa das Pessoas com Deficiência e Idosos – AMPID; Escola de Gente - Comunicação em Inclusão; Instituto Jô Clemente – IJC; Rede Brasileira do Movimento de Vida Independente – Rede MVI; Associação Brasileira para Ação por Direitos das Pessoas Autistas - Abraça; Associação de Pais, Amigos e Pessoas com Deficiência, de Funcionários do Banco do Brasil e da Comunidade – APABB; Coletivo Brasileiro de Pesquisadores e Pesquisadoras dos Estudos da Deficiência – MANGATA; Mais Diferenças – Educação e Cultura Inclusivas; Organização Nacional da Diversidade Surda – ONAS; Visibilidade Cegos Brasil; Associação Nacional de Emprego Apoiado – ANEA; Coletivo Feminista Helen Keller; Instituto Rodrigo Mendes e Amankay Instituto de Estudos e Pesquisas.

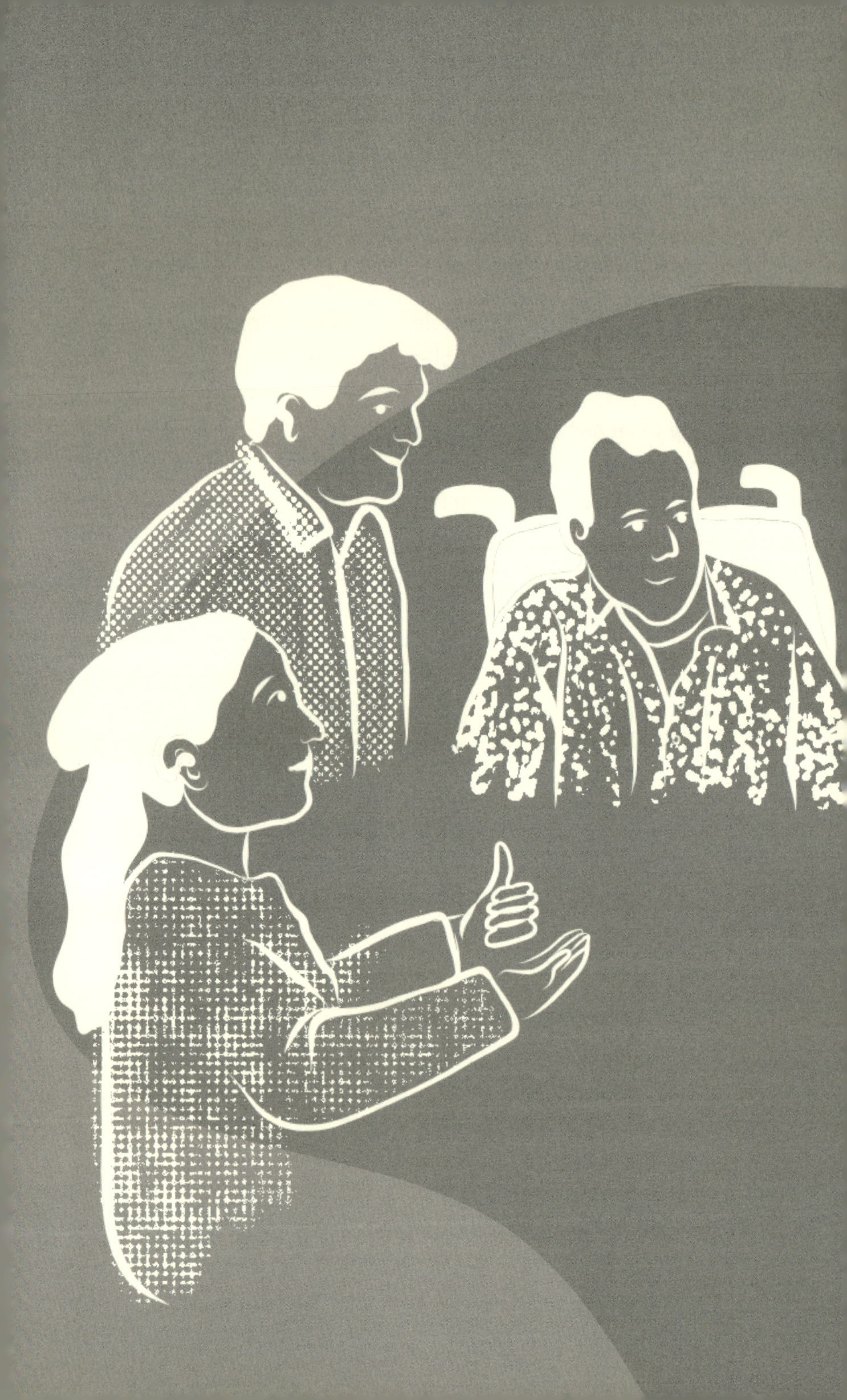

ANEXO II

ANÁLISE DA EDUCAÇÃO PARA PESSOAS COM DEFICIÊNCIA, NA PERSPECTIVA DA EDUCAÇÃO INCLUSIVA, CONSIDERANDO OS PARÂMETROS INTERNACIONAIS APLICÁVEIS

CONTEXTO BRASILEIRO

Segundo o Censo 2010, mais de 12,5 milhões de brasileiros com deficiência, aproximadamente 6,7% da população, declarou possuir grande ou total dificuldade em pelo menos uma das habilidades investigadas (enxergar, ouvir, caminhar ou subir degraus), ou possuir deficiência mental / intelectual. Ainda de acordo com o levantamento, quase 46 milhões de brasileiros, cerca de 24% da população, declarou ter algum grau de dificuldade em pelo menos uma das habilidades mencionadas. Em 2018, o Instituto Brasileiro de Geografia e Estatística (IBGE), responsável pelo Censo, fez uma revisão analítica dos dados de pessoas com deficiência à luz das recomendações do Grupo de Washington para facilitar a comparabilidade com outros países e concluiu que 6.7% da população é considerada como pessoa com deficiência no Brasil.

Em 30 de setembro de 2020, o Decreto Federal nº 10.502 criou a Política Nacional de Educação Especial: Equitativa, Inclusiva e com Aprendizado ao Longo da Vida (PNEE). O objetivo, tal qual defendido pelo governo, seria o de permitir um retorno de alunos com deficiência às escolas e classes especializadas, buscando ampliar o atendimento educacional por meio de turmas e escolas especializadas apenas para alunos com deficiência, sem convivência com alunos da rede geral.

A CONVENÇÃO SOBRE OS DIREITOS DAS PESSOAS COM DEFICIÊNCIA

O ano de 1981 foi proclamado como o Ano Internacional[11] das Pessoas com Deficiência pelas Nações Unidas. Inspirada em seu lema "participação plena e igualdade", tinha por objetivos: aumentar a consciência pública; a compreensão e aceitação das pessoas com deficiências; e encorajar as pessoas com deficiências a formar organizações através das quais poderiam expressar suas opiniões e promover ações para melhorar suas condições.

Em 13 de dezembro de 2006, a Assembleia Geral da Organização das Nações Unidas (ONU) aprovou o texto da Convenção sobre os Direitos das Pessoas com Deficiência. Esta Convenção representou a reafirmação do conteúdo da Declaração Universal dos Direitos Humanos de 1948, ao confirmar a ideia de inclusão social como um direito fundamental da pessoa com deficiência.

Aprovada por unanimidade, a Convenção é histórica e quebrou vários paradigmas, tanto em termos de proteção para as milhões de pessoas do mundo com deficiências que se sentiram amparadas e protegidas internacionalmente, quanto em relação ao nível sem precedentes de General Assembly resolution 31/123 contribuição e engajamento da sociedade civil no processo de negociação. O processo dinâmico de diálogo, de cooperação e confiança mútua estabelecida, permitiu que a voz dos destinatários da convenção fosse plenamente ouvida, representados por mais de 800 ativistas da defesa dos direitos humanos das pessoas com deficiência de todo o mundo, inclusive do Brasil. A Convenção nasceu participativa, garantindo a inclusão das múltiplas experiências vividas pelo segmento em diferentes partes do mundo.

A Convenção possui por princípios o respeito pela dignidade e independência da pessoa, inclusive a liberdade de fazer as

---

[1] General Assembly resolution 31/123

próprias escolhas, a autonomia individual, a não- discriminação, a plena e efetiva participação e inclusão na sociedade, o respeito pela diferença, a igualdade de oportunidades, a acessibilidade, a igualdade entre o homem e a mulher, além do respeito pelas capacidades em desenvolvimento de crianças com deficiência.

A Convenção, em seu preâmbulo, apresenta a ideia central de que "a deficiência é um conceito em evolução e que a deficiência resulta da interação entre pessoas com deficiência e as barreiras devidas às atitudes e ao ambiente que impedem a plena e efetiva participação dessas pessoas na sociedade em igualdade de oportunidades com as demais pessoas".

Importante enfatizar que para a Convenção, a observância da inclusão é um princípio ético, sendo essa uma de suas características mais emblemáticas. Diante disso, seus artigos 5º e 24, asseguram a igualdade inclusiva e a educação inclusiva e, a interação entre ambos os dispositivos, é um forte elemento que impede a opção de práticas não-inclusivas.

A inclusão não é uma opção, e os Estados, portanto, não devem tomar providências contrárias à Convenção. A escolha é tão somente de que forma a inclusão ocorrerá e como programas poderão ser manejados, a fim de que se torne plenamente efetiva.

Tendo sido promulgada por meio do Decreto nº 6.949, de 25 de agosto de 2009, internalizada no Brasil com status de Emenda Constitucional[2], se tornou, portanto, uma norma de caráter constitucional.

DIREITO À EDUCAÇÃO

A Declaração Universal dos Direitos Humanos foi o primeiro instrumento jurídico internacional que reconheceu a educação como um direito humano. Em seu artigo 26, afirma que todos têm

---

[2] A Emenda Constitucional nº 45/2004 inovou ao permitir a possibilidade do Brasil ratificar uma convenção de direitos humanos em nível equivalente à emenda constitucional.

direito à educação. Desde a sua adoção, o direito à educação tem sido reafirmado em inúmeros tratados e declarações de direitos humanos adotados pelas Nações Unidas.

O Pacto Internacional sobre Direitos Econômicos, Sociais e Culturais (PIDESC, 1966), em seu artigo 13 reconhece o direito universal à educação sem discriminação de qualquer tipo e estabeleceu que para se alcançar a plena realização desse direito, deve se garantir a educação primária obrigatória gratuita, o acesso igualitário, medidas de alfabetização e melhorias da qualidade de ensino.

O Comitê de Direitos Econômicos, Sociais e Culturais no seu Comentário Geral no. 20 sobre não discriminação, explica a diferença entre discriminação direta e indireta: "A discriminação direta ocorre quando um indivíduo é tratado de forma menos favorável que outra pessoa em situação semelhante. A discriminação indireta refere-se a leis, políticas ou práticas que parecem ser neutras à primeira vista, mas que possuem um impacto desproporcional sobre o exercício dos direitos consagrados no Pacto conforme identificado motivos proibidos de discriminação".

O direito da criança à educação está consagrado nos tratados de direitos humanos, incluindo os artigos 28 e 29 da Convenção sobre os Direitos da Criança. Em seu artigo 23, há previsão específica que garante o direito à educação às crianças com deficiência, impondo uma obrigação aos Estados de garantir que as crianças com deficiência tenham:

> *acesso efetivo à educação, à capacitação, aos serviços de saúde e de reabilitação, à preparação para o emprego e às oportunidades de lazer, de maneira que a criança atinja a integração social e o desenvolvimento individual mais completos possíveis, incluindo seu desenvolvimento cultural e espiritual.*

Em setembro de 2006, o Comitê dos Direitos da Criança adotou seu Comentário Geral nº 9 sobre os direitos das crianças com deficiência. Este comentário geral considera especificamente a educação inclusiva como primordial para crianças com deficiência e indica que os Estados devem ter como propósito fornecer às "escolas acomodações adequadas e apoio individual" para essas pessoas. Lembra ainda que, as crianças com deficiências têm o mesmo direito à educação que todas as outras crianças e devem desfrutar deste direito sem qualquer discriminação e com base na igualdade de oportunidades, conforme estipulado na Convenção.

O UNICEF, em publicação específica sobre a temática, teve a oportunidade de manifestar preocupação de que, em muitas partes do mundo, a maioria das crianças com deficiência ainda está longe de desfrutar do acesso à educação regular. Relembram iniciativa liderada pela Itália que, na década de 1970, fechou a maioria de suas escolas especiais, realocando os alunos para escolas regulares. A experiência em muitos países mostrou que muitas crianças que anteriormente teriam sido automaticamente encaminhadas para escolas especiais podem ser satisfatoriamente educadas em escolas tradicionais, com oferta de apoio adaptado às suas necessidades individuais, muitas vezes através de um programa educacional individual. Relatam experiências exitosas de educação inclusiva em inúmeros países, sempre relacionadas à expansão dos programas de intervenção cada vez mais precoce da oferta da educação.

Em Relatório apresentado em fevereiro de 2007, o então Relator Especial das Nações Unidas sobre o direito à educação, enalteceu a importância da educação inclusiva, como um paradigma educativo a ser alcançado. Para ele, "a educação inclusiva baseia-se no princípio de que todas as crianças devem aprender juntas, sempre que possível, independentemente de suas diferenças. A educação inclusiva reconhece que toda criança tem características, interesses, habilidades e necessidades de aprendizagem únicas e que aqueles alunos com necessidades especiais de educação devem ter acesso e ser acomodados no sistema de educação geral por meio de uma pedagogia centrada na criança. A educação inclusiva, levando em conta a diversidade entre os alunos e alunas, busca combater atitudes discriminatórias, criar comunidades acolhedoras, alcançar a educação para todos, bem como melhorar a qualidade e a eficácia da educação dos alunos tradicionais. Dessa forma, os sistemas educacionais não devem mais ver as pessoas com deficiência como problemas a serem corrigidos; em vez disso, eles devem responder positivamente à diversidade dos alunos e abordar as diferenças individuais como oportunidades para enriquecer o aprendizado para todos".

O relator reforça ainda que, a promoção da educação especial enquanto prática de segregação, muitas vezes se baseia na crença equivocada de que as pessoas com deficiência são um peso sobre o sistema educacional convencional, incentivando uma maior marginalização desse grupo perante a sociedade, contribuindo para estereótipos mal concebidos, preconceitos e, portanto, discriminação.

DIREITO À EDUCAÇÃO INCLUSIVA

A Convenção sobre os Direitos da Criança[3] (1989), a Declaração Mundial sobre Educação para Todos[4] (1990), as Normas sobre

---

[3] Artigo 23 "Reconhecendo as necessidades especiais da criança com deficiência, a assistência ampliada, conforme disposto no parágrafo 2 deste artigo, deve ser gratuita sempre que possível, levando em consideração a situação econômica dos pais ou das pessoas responsáveis pela criança; e deve assegurar à criança deficiente o acesso efetivo à educação, à capacitação, aos serviços de saúde e de reabilitação, à preparação para o emprego e às oportunidades de lazer, de maneira que a criança atinja a integração social e o desenvolvimento individual mais completos possíveis, incluindo seu desenvolvimento cultural e espiritual.

[4] Artigo 3 "As necessidades básicas de aprendizagem das pessoas portadoras de deficiências requerem atenção especial. É preciso tomar medidas que garantam a igualdade de acesso à educação aos portadores de todo e qualquer tipo de deficiência, como parte integrante do sistema educativo"

a Equalização de Oportunidades para Pessoas com Deficiência[5] (1993) e a Declaração de Salamanca[66] sobre Princípios, Políticas e Práticas na Área das Necessidades Educativas Especiais (1994) asseguraram medidas e conscientizaram sobre a necessidade de garantir o direito das pessoas com deficiência à educação. Notavelmente, o parágrafo 2 dessa última, afirma que "as escolas regulares com orientação inclusiva são os meios mais eficazes de combater atitudes discriminatórias, criar comunidades acolhedoras, construir uma sociedade inclusiva e alcançar a educação para todos e todas".

A Convenção sobre os Direitos das Pessoas com Deficiência é inequívoca ao garantir que as pessoas com deficiência não podem ser excluídas do sistema educacional geral sob alegação de deficiência, e que devem receber o apoio necessário, no âmbito do sistema educacional geral, com vistas a facilitar sua efetiva educação, nos seguintes termos:

> *Artigo 24. Educação*
> *Os Estados Partes reconhecem o direito das pessoas com deficiência à educação. Para efetivar esse direito sem discriminação e com base na igualdade de oportunidades,*

---

[5] Resolução ONU 48/96, de 20 de dezembro de 1993. "Regra 6. Educação: Os Estados devem reconhecer o princípio da igualdade de oportunidades de ensino nos níveis primário, secundário e superior para as crianças, os jovens e os adultos com deficiências, em ambientes integrados. Devem assegurar que a educação das pessoas com deficiências constitua uma parte integrante do sistema de ensino. 1. A responsabilidade pela educação das pessoas com deficiências em ambientes integrados cabe às autoridades educativas em geral. A educação das pessoas com deficiências deve constituir parte integrante do planejamento do sistema de ensino a nível nacional, da elaboração de planos curriculares e da organização escolar".

[6] "Escolas regulares que possuam tal orientação inclusiva constituem os meios mais eficazes de combater atitudes discriminatórias criando-se comunidades acolhedoras, construindo uma sociedade inclusiva e alcançando educação para todos; além disso, tais escolas proveem uma educação efetiva à maioria das crianças e aprimoram a eficiência e, em última instância, o custo da eficácia de todo o sistema educacional".

os Estados Partes assegurarão sistema educacional inclusivo em todos os níveis, bem como o aprendizado ao longo de toda a vida, com os seguintes objetivos:

O pleno desenvolvimento do potencial humano e do senso de dignidade e autoestima, além do fortalecimento do respeito pelos direitos humanos, pelas liberdades fundamentais e pela diversidade humana;

O desenvolvimento máximo da personalidade e da criatividade das pessoas com deficiência, assim como de suas habilidades físicas e intelectuais; possível

Participação das pessoas com deficiência em uma sociedade livre.

Para a realização desse direito, os Estados Partes assegurarão que:

Como pessoas com deficiência não são excluídas do sistema educacional geral sob alegação de deficiência e que as crianças com deficiência não são excluídas do ensino primário gratuito e compulsório ou do ensino secundário, sob alegação de deficiência;

Como pessoas com deficiência ter acesso ao ensino primário, de qualidade e gratuita, e ao ensino secundário, em igualdade de condições com as demais pessoas na comunidade em que vivem;

Adaptações razoáveis de acordo com as necessidades individuais estão providenciadas;

Como pessoas com deficiência recebam o apoio necessário, no âmbito do sistema educacional geral, com vistas a facilitar sua efetiva educação; alcançando educação para todos; além disso, tais escolas proveem uma educação efetiva à maioria das crianças e aprimoram a eficiência e, em última instância, o custo da eficácia de todo o sistema educacional".

Medidas de apoio individualizadas e efetivas são adotadas em ambientes que maximizam o desenvolvimento acadêmico e social, de acordo com a meta de inclusão plena.

Os Estados Partes assegurarão às pessoas com deficiência a possibilidade de adquirir as competências práticas e sociais necessárias de modo a facilitar as pessoas com deficiência sua plena e igual participação no sistema de ensino e na vida em comunidade. Para tanto, os Estados Partes tomarão medidas apropriadas, incluindo:

Facilitação do aprendizado do braille, escrita alternativa, modos, meios e formatos de comunicação aumentativa e alternativa, e habilidades de orientação e mobilidade, além de facilitação do apoio e aconselhamento de pares;

Facilitação do aprendizado da língua de sinais e promoção da identidade linguística da comunidade surda;

Garantia de que a educação de pessoas, em particular crianças cegas, surdocegas e surdas, seja ministrada nas línguas e nos modos e meios de comunicação mais adequados ao indivíduo e em ambientes que favoreçam ao máximo seu desenvolvimento acadêmico e social.

A fim de contribuir para o exercício desse direito, os Estados Partes tomarão medidas apropriadas para empregar professores, professores inclusivos com deficiência, habilitados para o ensino da língua de sinais e/ou do braille, e para capacitar profissionais e equipes atuantes em todos os níveis de ensino. Essa capacitação incorporará a conscientização da deficiência e a utilização de modos, meios e formatos apropriados de comunicação aumentativa e alternativa, e técnicas e materiais pedagógicos, como apoios para pessoas com deficiência.

> *Os Estados Partes assegurarão que as pessoas com deficiência possam ter acesso ao ensino superior em geral, treinamento profissional de acordo com sua vocação, educação para adultos e formação continuada, sem discriminação e em igualdade de condições. Para tanto, os Estados Partes assegurarão a provisão de adaptações razoáveis para pessoas com deficiência.*

O Comitê sobre os Direitos das Pessoas com Deficiência elaborou o <u>Comentário Geral nº 4</u>, a respeito da interpretação do artigo 24 da Convenção em relação à Educação Inclusiva, adotado em 26 de agosto de 2016, o qual deve servir de parâmetro para os Estados Partes discutirem a forma de sua implantação.

De acordo com o artigo 24, os Estados devem garantir a plena realização do direito das pessoas com deficiência à educação por meio de um sistema de ensino inclusivo em todos os níveis, incluindo pré-escola, ensino fundamental, médio e superior, formação profissional e aprendizagem ao longo da vida, atividades extracurriculares e sociais, para todos os estudantes, incluindo pessoas com deficiência, sem discriminação e em igualdade de condições com os demais.

No mencionado Comentário, o Comitê instou os Estados Partes da Convenção a assegurar todas as medidas necessárias para implementar a educação inclusiva, garantindo que tanto o processo quanto os resultados do desenvolvimento de um sistema educacional cumpram com o previsto em seus princípios gerais. Reconhece que garantir o direito à educação inclusiva implica em uma transformação cultural, política e prática em todos os ambientes educacionais e informativos para acomodar os diferentes requisitos e identidades de cada aluno, juntamente com o compromisso de eliminar as barreiras que impedem essa possibilidade, além do fortalecimento da capacidade do sistema educacional.

O Comitê da ONU sobre Direito das Pessoas com Deficiência é categórico ao afirmar que a educação é um princípio que valoriza o bem-estar de todos os alunos, respeita sua dignidade e autonomia inerentes, e reconhece os requisitos indivíduos e sua capacidade de ser efetivamente incluído e contribuir para a sociedade. Ademais, afirma que a educação é um meio de realização de outros direitos humanos, tornando-a um meio pelo qual as pessoas com deficiência possam sair da pobreza, obter os meios para participar plenamente de suas comunidades e ser salvaguardadas da exploração, além de possibilitar o alcance de sociedades mais inclusivas.

O Comitê destaca a importância de se reconhecer as diferenças entre exclusão, segregação, integração e inclusão. Por exclusão, entende-se o impedimento de alunos, direta ou indiretamente, ou ainda quando são negados o acesso à educação de qualquer forma. A segregação é manifesta quando a formação de alunos com deficiência é oferecida em ambientes separados de alunos sem deficiência. Integração é o processo de colocação de pessoas com deficiência nas instituições de ensino tradicionais já existentes, com a compreensão de que elas podem se adaptar às exigências padronizadas dessas instituições, enquanto que, a inclusão envolve um processo de reforma sistêmica que incorpora mudanças e modificações no conteúdo, métodos de ensino, abordagens, estruturas e estratégias na educação para superar barreiras, proporcionando a todos os alunos e alunas uma experiência de aprendizagem equitativa e participativa.

Para efetiva implementação do artigo 24, deve ser proibida a exclusão das pessoas com deficiência do sistema geral de ensino, inclusive por meio de quaisquer disposições legislativas ou regulamentares que limitam sua inclusão. Os Estados Partes devem tomar todas as medidas adequadas, incluindo o processo legislativo, para modificar práticas que constituam discriminação contra pessoas com deficiência e que violem o artigo 24. O

Comitê explicitamente afirma que, sempre quando necessário, leis e normas nacionais, devem ser revogadas ou alteradas de forma sistemática e temporal, sempre que promovam a exclusão de pessoas com deficiência aos ambientes de ensino.

O Comitê sobre os Direitos das Pessoas com Deficiência também elaborou o <u>Comentário Geral</u> nº 6, a respeito da interpretação do artigo 5 º da Convenção em relação à equidade e não discriminação, adotado em 9 de março de 2018. Nele manifestam preocupação sobre práticas segregatórias na educação, categoricamente afirmando que a prática discriminatória, contraria os objetivos da Convenção, em contravenção direta aos artigos 5º e 24º. O artigo 5º dialoga com o artigo 24º ao exigir que os Estados Partes removam todos os tipos de barreiras discriminatórias, incluindo barreiras legais e sociais, à educação.

Não é demais reforçar que, no que tange à normativa interna, a Lei Brasileira de Inclusão (LBI), conhecida como o Estatuto da Pessoa com Deficiência (Lei 13.146/2015), em consonância com a Convenção, também afirmou a autonomia e a capacidade para exercerem atos da vida civil em condições de igualdade com as demais pessoas. Assegurado expressamente na LBI, o direito à educação inclusiva está presente no artigo 28:

> *Art. 28. Incumbe ao poder público assegurar, criar, desenvolver, implementar, incentivar, acompanhar e avaliar: I - sistema educacional inclusivo em todas as modalidades, bem como o aprendizado ao longo de toda a vida;*
>
> *- aprimoramento dos sistemas educacionais, visando a garantia condições de acesso, permanência, participação e aprendizagem, por meio da oferta de serviços e de recursos de acessibilidade que eliminem as barreiras e promovam a inclusão plena;*

- projeto pedagógico que institucionalize o atendimento educacional especializado, assim como os demais serviços e adaptações razoáveis, para atender às características dos alunos com deficiência e garantir o seu pleno acesso ao currículo em condições de igualdade, promovendo a conquista e o exercício de sua autonomia

PARTICIPAÇÃO SOCIAL

"Nada sobre nós sem nós" é o lema dos movimentos de direitos para pessoas com deficiência. A Convenção assegura que as pessoas com deficiência tenham a oportunidade de participar ativamente das decisões relativas a programas e políticas, inclusive aos que dizem respeito aos que lhes dizem respeito diretamente (preâmbulo, letra "o").

A participação social não é um desiderato, mas uma exigência legal prevista na Convenção:

Artigo 4 - Obrigações gerais
3. Na elaboração e implementação de legislação e políticas para aplicar a presente Convenção e em outros processos de tomada de decisão relativos às pessoas com deficiência, os Estados Partes realizarão consultas estreitas e envolverão ativamente pessoas com deficiência, inclusive crianças com deficiência, por intermédio de suas organizações representativas.

O Comitê das Nações Unidas sobre os Direitos das Pessoas com Deficiência já destacou que, quando pessoas com deficiência são consultadas, isto leva a leis, políticas e programas que contribuem para sociedades e ambientes mais inclusivos.

O Comitê apontou que pessoas com deficiência e suas organizações representativas devem participar de processos públicos de tomada de decisões sobre seus próprios direitos humanos. Nesse sentido, o órgão publicou em 2018 o Comentário Geral n.º 7, que sustenta o direito de todas as pessoas com deficiência de participar e estar envolvidas em todas as questões relacionadas a elas. Também esclarece as obrigações dos Estados Partes de garantir a participação das pessoas com deficiência, através de suas organizações representativas, na implementação e monitoramento da Convenção sobre os Direitos das Pessoas com Deficiência, em conformidade com os artigos 4 (3) e 33 (3) deste tratado internacional.

> *Artigo 33 Implementação e monitoramento nacionais*
> *3.A sociedade civil e, particularmente, as pessoas com deficiência e suas organizações representativas serão envolvidas e participarão plenamente no processo de monitoramento.*

RECOMENDAÇOES ANTERIORMENTE RECEBIDAS PELO ESTADO BRASILEIRO

Em setembro de 2015, o Comitê das Nações Unidas sobre os Direitos das Pessoas com Deficiência (CRPD) divulgou suas observações finais sobre o relatório apresentado pelo Brasil no tema. Na ocasião, os especialistas do CRPD conclamaram o Estado a adotar medidas que garantissem a efetiva implementação do artigo 24 da Convenção:

> *O Comitê está preocupado com a recusa da admissão de crianças com deficiências em escolas ou com a cobrança de taxas extras. Além disso, o Comitê está*

preocupado com a falta de acomodação razoável e ambientes escolares acessíveis no sistema educacional brasileiro.

O Comitê recomenda que o Estado Parte fortaleça seus esforços, com alocações orçamentárias adequadas, para consolidar um sistema educacional de qualidade inclusiva. Também recomenda que implemente um mecanismo para proibir, monitorar e sancionar a discriminação baseada em deficiência nos sistemas de ensino público e privado e fornecer acomodação e acessibilidade razoáveis em todas as instalações educacionais.

No âmbito do 3º ciclo da <u>Revisão Periódica Universal</u>, o Brasil recebeu recomendações relacionadas à temática dos direitos das pessoas com deficiência, ocasião em que se destaca:

3.207 Continuar a eliminar a discriminação contra crianças em situação de rua e em áreas rurais, bem como crianças com deficiências e pertencentes a outros grupos minoritários, e tomar todas as medidas necessárias para prevenir o abuso de suas vulnerabilidades;

3.212 Combater discriminações de qualquer tipo contra pessoas com deficiência e tomar medidas efetivas para elevar o padrão de vida dessas pessoas

AGENDA 2030 PARA O DESENVOLVIMENTO SUSTENTÁVEL

O Brasil, como membro das Nações Unidas, aderiu à Agenda 2030 para o Desenvolvimento Sustentável, o qual tem por um dos seus objetivos (<u>ODS 4</u>), assegurar a educação inclusiva e equitativa de qualidade, e promover oportunidades de aprendizagem ao longo da vida para todos.

São duas as metas diretamente relacionadas à educação de pessoas com deficiência, sendo elas:

> *4.a Construir e melhorar instalações físicas para educação, apropriadas para crianças e sensíveis às deficiências e ao gênero e que proporcionem ambientes de aprendizagem seguros, não violentos,* **inclusivos** *e eficazes para todos*
>
> *4.5 Até 2030, eliminar as disparidades de gênero na educação e garantir a igualdade de acesso a todos os níveis de educação e formação profissional para os mais vulneráveis, incluindo as pessoas com deficiência, povos indígenas e as crianças em situação de vulnerabilidade*

A UNESCO, em seu recente Relatório[7] Global de Monitoramento da Educação 2020 *Inclusão e educação: Tudo significa tudo*, avaliou o progresso em direção ao ODS 4 e suas metas. O Relatório abordou o tema da inclusão na educação, chamando a atenção para todos aqueles excluídos da educação, por causa de seus antecedentes ou habilidades. O Relatório nos lembra que, não importa qual argumento possa ser construído em contrário, temos um imperativo moral para garantir que cada criança tenha direito a uma educação apropriada de alta qualidade.

> *O mundo se comprometeu com a educação inclusiva não por acaso, mas porque ela é a base de um sistema educacional de boa qualidade que permite a cada criança, jovem e adulto aprender e realizar seu potencial. Gênero, idade, localização, pobreza, deficiência, etnia, língua, religião, situação migratória ou de deslocamento, orientação sexual, identidade e expressão de gênero, encarceramento,*

---

[7] Global Education Monitoring Report Team, ISBN:978-92-3-100388-2. Disponível em https://en.unesco.org/gem-report/report/2020/inclusion

crenças e atitudes não devem ser a base para a discriminação contra ninguém, na participação e experiência educacional. O pré-requisito é ver a diversidade do estudante não como um problema, mas como uma oportunidade. A inclusão não pode ser alcançada se for vista como um inconveniente ou se as pessoas acreditarem que os níveis de capacidade dos estudantes são estáticos. Os sistemas educacionais precisam ser responsivos às necessidades de todos os estudantes (Tradução livre. Recommendations. Page 20, Chapter – Introduction)

A educação serve a múltiplos objetivos. Os esforços para persegui-los podem ser complementares ou conflitantes. Os formuladores de políticas públicas e educadores enfrentam questões delicadas, específicas do contexto, relacionadas à inclusão. Eles precisam estar cientes da oposição daqueles que têm interesse em preservar a segregação, em detrimento da promoção da inclusão. Perpetuar a concepção errada das pessoas com deficiência como fundamentalmente diferentes, pode tornar a segregação uma profecia realizada (Tradução livre. Page 13, Chapter – Introduction)

O Relatório também explora os desafios que nos impedem de alcançar as metas propostas e traz exemplos concretos de políticas de países que conseguiram enfrentá-los com sucesso. Sobre os desafios, citam desde diferentes entendimentos da palavra inclusão, infraestrutura inadequada, quanto a persistência de sistemas paralelos e escolas regulares.

O FUTURO QUE QUEREMOS

A educação inclusiva é fundamental para alcançarmos uma educação de alta qualidade para todos os alunos e alunas, incluindo aqueles com deficiência, e para o desenvolvimento de sociedades pacíficas e justas. Em estudo temático apresentado perante o Conselho de Direitos Humanos, o Alto Comissariado das Nações Unidas para os Direitos Humanos reiterou que, apenas a educação inclusiva pode proporcionar educação de qualidade e desenvolvimento social para as pessoas com deficiência, sendo essa uma garantia de universalidade e não discriminação no direito à educação.

A Convenção reconhece que pessoas com deficiência fazem parte da diversidade humana e da humanidade (3, "d"), reconhecendo as valiosas contribuições existentes e potenciais das pessoas com deficiência ao bem-estar comum e à diversidade de suas comunidades, e que a promoção do pleno exercício, pelas pessoas com deficiência, de seus direitos humanos e liberdades fundamentais e de sua plena participação na sociedade resultará no fortalecimento de seu senso de pertencimento à sociedade e no significativo avanço do desenvolvimento humano, social e econômico da sociedade, bem como na erradicação da pobreza.

Estamos em 2020, o ano do septuagésimo segundo aniversário da Declaração Universal dos Direitos Humanos - DUDH, promulgada pelas Nações Unidas em 10 de dezembro de 1948, que em seu artigo 1° afirmou que "Todas as pessoas nascem livres e iguais em dignidade e direitos. São dotadas de razão e consciência e devem agir em uma relação com outras com espírito de fraternidade". Da Carta de Direitos Humanos ao seu gozo e exercício plenos, temos desafios a enfrentar.

Para celebrar seus 75 anos, a ONU cunhou a expressão "O futuro que queremos", inspirando todos e todas a refletir sobre o que almejamos em um futuro pós-Covid-19. O Secretário-Geral das Nações Unidas afirmou que "temos uma oportunidade geracional para redesenhar a educação". Nenhum momento seria mais propício para construção de respostas inclusivas e acessíveis a todas as pessoas com deficiência.